CÉLIA PASSOS

Cursou Pedagogia na Faculdade de Ciências Humanas de Olinda – PE, com licenciaturas em Educação Especial e Orientação Educacional. Professora do Ensino Fundamental e Médio (Magistério) e coordenadora escolar de 1978 a 1990.

ZENEIDE SILVA

Cursou Pedagogia na Universidade Católica de Pernambuco, com licenciatura em Supervisão Escolar. Pós-graduada em Literatura Infantil. Mestra em Formação de Educador pela Universidade Isla, Vila de Nova Gaia, Portugal. Assessora Pedagógica, professora do Ensino Fundamental e supervisora escolar desde 1986.

VOLUME 3
EDUCAÇÃO INFANTIL

NATUREZA E SOCIEDADE

4ª edição
São Paulo
2020

Coleção Eu Gosto M@is
Educação Infantil – Natureza e Sociedade – Volume 3
© IBEP, 2020

Diretor superintendente	Jorge Yunes
Diretora editorial	Célia de Assis
Assessoria pedagógica	Mizue Jyo
Edição e revisão	RAF Editoria e Serviços
Produção editorial	Elza Mizue Hata Fujihara
Assistente de produção gráfica	Marcelo de Paula Ribeiro
Estagiária	Verena Fiesenig
Iconografia	IBEP
Ilustração	Bruna Ishihara, Eunice – Conexão Editorial, Fábio – Imaginário Studio, João Anselmo e Izomar, José Luís Juhas/Ilustra Cartoon, Xavier/M10 Editorial
Projeto gráfico e capa	Aline Benitez
Ilustração da capa	Box&dea
Diagramação	Nany Produções Gráficas

**CIP-BRASIL. CATALOGAÇÃO NA PUBLICAÇÃO
SINDICATO NACIONAL DOS EDITORES DE LIVROS, RJ**

P32e
4. ed.
v. 3

Passos, Célia
 Eu gosto mais : natureza e sociedade : educação infantil, volume 3 / Célia Passos, Zeneide Silva. - 4. ed. - São Paulo : IBEP, 2020.
 : il. (Eu gosto m@is ; 3)

 ISBN 978-65-5696-030-2 (aluno)
 ISBN 978-65-5696-031-9 (professor)

 1. Educação infantil. I. Silva, Zeneide. II. Título. III. Série.

20-64534	CDD: 372.21
	CDU: 373.2

Leandra Felix da Cruz Candido - Bibliotecária CRB-7/6135
18/05/2020   25/05/2020

4ª edição – São Paulo – 2020
Todos os direitos reservados

Rua Gomes de Carvalho, 1306 – 11º andar – Vila Olímpia
São Paulo-SP – 04547-005 – Brasil – Tel.: (11) 2799-7799
www.ibep-nacional.com.br

Impreso en Mercurio S. A.
mercurio.com.py | 10614
Asunción - Paraguay

APRESENTAÇÃO

QUERIDO ALUNO, QUERIDA ALUNA,

QUE MARAVILHA SABER QUE VAMOS TRABALHAR JUNTOS DURANTE TODO ESTE ANO LETIVO!

A COLEÇÃO **EU GOSTO M@IS** FOI ELABORADA E DESENVOLVIDA PARA CRIANÇAS COMO VOCÊS.

A CADA ASSUNTO, APRESENTAMOS UMA NOVIDADE, UMA IMAGEM INTERESSANTE E ATIVIDADES, TUDO PARA ENRIQUECER AINDA MAIS SEU CONHECIMENTO.

DESSA FORMA, ESPERAMOS QUE VOCÊS CONHEÇAM MELHOR O AMBIENTE EM QUE VIVEM E CONTRIBUAM NA CONSTRUÇÃO DE UM MUNDO MAIS FRATERNO.

APROVEITEM OS ENSINAMENTOS DE SEU LIVRO E CUIDEM DELE MUITO BEM, POIS SERÁ SEU COMPANHEIRO NO DIA A DIA.

UM GRANDE ABRAÇO,

AS AUTORAS

SUMÁRIO

LIÇÕES	PÁGINA
1. Identidade	7
2. O tempo passa...	14
3. O corpo humano	20
4. Os sentidos	35
5. Família	51
6. Moradia	60
7. Escola	66
8. As diferentes paisagens	76
9. O ar	84
10. A água	88
11. Os seres vivos e os elementos não vivos	94
12. As plantas	101
13. Os animais	110
14. Os meios de transporte	125
15. O trânsito	132
16. Os meios de comunicação	137
ALMANAQUE	145
ADESIVOS	161

LIÇÃO 1

IDENTIDADE

TODA CRIANÇA TEM UM NOME E UMA HISTÓRIA.

MEU NOME É MARIANA.

MEU NOME É VÍTOR.

VAMOS RECITAR?

IDENTIDADE

CADA PESSOA TEM UM NOME
E VOCÊ TAMBÉM TEM O SEU
O PAPAI, A VOVÓ, A TITIA
EU TAMBÉM TENHO O MEU

O SEU NOME É IMPORTANTE
ELE DIZ QUEM É VOCÊ
PERGUNTE A ALGUÉM EM CASA
QUEM AJUDOU A ESCOLHER

ELIZABETH CAVALCANTE
WWW.ESPAÇOEDUCAR.NET

- CONVERSE COM A PROFESSORA E OS COLEGAS SOBRE A ORIGEM DO SEU NOME. QUEM O ESCOLHEU? POR QUÊ?

TODAS AS PESSOAS TAMBÉM TÊM UM SOBRENOME. O SOBRENOME, GERALMENTE, É O NOME DE FAMÍLIA.

- ESCREVA SEU PRIMEIRO NOME.

- ESCREVA NO QUADRO, COM A AJUDA DA PROFESSORA, O SEU SOBRENOME.

- ESCREVA NOS QUADROS, COM A AJUDA DE UM ADULTO, OUTRAS INFORMAÇÕES QUE O IDENTIFICAM.

IDADE

COR DOS OLHOS

COR DOS CABELOS

ALTURA

PESO

NÚMERO DO SEU CALÇADO

- OBSERVE A IMAGEM A SEGUIR.

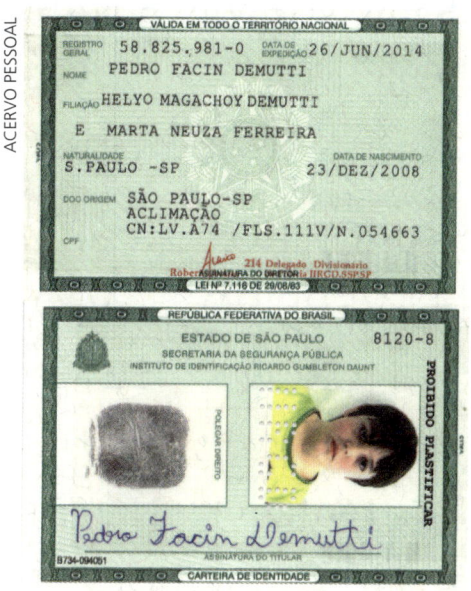

ESTA É UMA **CARTEIRA DE IDENTIDADE**. É UM DOCUMENTO QUE TRAZ INFORMAÇÕES SOBRE A PESSOA, COM FOTO, ASSINATURA E A IMPRESSÃO DIGITAL DELA.

- DESENHE SEU ROSTO OU COLE UMA FOTO. PASSE O DEDO POLEGAR NA TINTA PRETA E IMPRIMA SUA DIGITAL NO LOCAL ADEQUADO.

A SUA DIGITAL TAMBÉM FAZ PARTE DA SUA HISTÓRIA.

VOCÊ TEM UMA CARTEIRA DE IDENTIDADE? CONVERSE COM A PROFESSORA E OS COLEGAS SOBRE A IMPORTÂNCIA DE TER ESSE DOCUMENTO.

- COM A AJUDA DE UM ADULTO, PINTE OS QUADRINHOS QUE INDICAM O **DIA** E O **MÊS** EM QUE VOCÊ NASCEU.

DIA						
1	2	3	4	5	6	7
8	9	10	11	12	13	14
15	16	17	18	19	20	21
22	23	24	25	26	27	28
29	30	31				

MÊS	
JANEIRO	JULHO
FEVEREIRO	AGOSTO
MARÇO	SETEMBRO
ABRIL	OUTUBRO
MAIO	NOVEMBRO
JUNHO	DEZEMBRO

- COLE UMA FOTO DE QUANDO VOCÊ ERA BEBÊ. PEÇA A UM FAMILIAR QUE LHE CONTE UMA HISTÓRIA INTERESSANTE QUE ACONTECEU NESSA SUA FASE. DEPOIS, RECONTE ESSA HISTÓRIA PARA A PROFESSORA E OS COLEGAS.

- DESENHE OU PEÇA A AJUDA DE UM ADULTO PARA ESCREVER:

O QUE LHE DEIXA CONTENTE.

O QUE LHE DEIXA CHATEADO.

- OBSERVE AS FIGURAS E NUMERE OS QUADROS DE ACORDO COM AS FASES DE CRESCIMENTO DA CRIANÇA.

- OUÇA AS PERGUNTAS E REGISTRE A RESPOSTA PINTANDO O BOLO COM A IDADE CORRESPONDENTE.

QUANTOS ANOS VOCÊ TINHA QUANDO COMEÇOU A ANDAR?

QUANTOS ANOS VOCÊ TINHA QUANDO COMEÇOU A FALAR?

QUANTOS ANOS VOCÊ TINHA QUANDO FOI PARA A ESCOLA PELA PRIMEIRA VEZ?

- MARQUE AS ATIVIDADES QUE VOCÊ GOSTA DE FAZER PINTANDO OS QUADRINHOS.

 BRINCAR NO COMPUTADOR

 ASSISTIR À TELEVISÃO

 ESCOVAR OS DENTES

 BRINCAR

 PASSEAR

 TOMAR BANHO

 TOMAR SORVETE

 DORMIR

 ESTUDAR

 EMPINAR PIPA

 DANÇAR

 COMER

LIÇÃO 2

O TEMPO PASSA...

AS PESSOAS MUDAM COM O TEMPO.

- PROCURE EM JORNAIS OU REVISTAS FIGURAS QUE REPRESENTEM AS FASES PELAS QUAIS AS PESSOAS PASSAM. COLE-AS NO LOCAL CORRETO.

BEBÊ

CRIANÇA

ADULTO

IDOSO

- OBSERVANDO A SUA HISTÓRIA, COMO VOCÊ PERCEBE QUE O TEMPO PASSOU? CONVERSE SOBRE ISSO COM A PROFESSORA E OS COLEGAS.

VOCÊ TAMBÉM PODE OBSERVAR A PASSAGEM DO TEMPO EM UM DIA DE AULA NA ESCOLA.

- MONTE SEU QUADRO DE ROTINA NA ESCOLA. USE OS ADESIVOS DA PÁGINA 161.

VOCÊ PODE PERCEBER QUE O TEMPO PASSA COM A MUDANÇA DOS DIAS.

- DESENHE UMA ATIVIDADE QUE VOCÊ SEMPRE REALIZA **PELA MANHÃ**.

- DESENHE UMA ATIVIDADE QUE VOCÊ SEMPRE REALIZA **À NOITE**.

O TEMPO PODE SER MEDIDO EM HORAS CONTADAS NO RELÓGIO, EM DIAS, SEMANAS, MESES E ANOS.
UMA SEMANA TEM SETE DIAS: DOMINGO, SEGUNDA-FEIRA, TERÇA-FEIRA, QUARTA-FEIRA, QUINTA-FEIRA, SEXTA-FEIRA E SÁBADO.

- OBSERVE O CALENDÁRIO. PINTE DE AMARELO OS DIAS DA SEMANA QUE VOCÊ VEM PARA A ESCOLA E DE VERMELHO OS DIAS EM QUE NÃO HÁ AULA.
- QUE DIA DA SEMANA É HOJE? CIRCULE-O.

SEMANA

DOMINGO	SEGUNDA-FEIRA	TERÇA-FEIRA	QUARTA-FEIRA	QUINTA-FEIRA	SEXTA-FEIRA	SÁBADO

- PINTE DE AZUL-CLARO O NÚMERO QUE CORRESPONDE AO DIA DE HOJE, DE AMARELO O DIA DE ONTEM E DE LARANJA O DIA QUE SERÁ AMANHÃ.

CALENDÁRIO

D	S	T	Q	Q	S	S
1	2	3	4	5	6	7
8	9	10	11	12	13	14
15	16	17	18	19	20	21
22	23	24	25	26	27	28
29	30	31				

- CONVERSE COM A PROFESSORA E COLEGAS SOBRE ALGO QUE ACONTECEU NO FINAL DE SEMANA COM SUA FAMÍLIA.

UM ANO TEM DOZE MESES: JANEIRO, FEVEREIRO, MARÇO, ABRIL, MAIO, JUNHO, JULHO, AGOSTO, SETEMBRO, OUTUBRO, NOVEMBRO E DEZEMBRO.

- PINTE O NOME DO MÊS EM QUE ESTAMOS.

- EM QUAL MÊS VOCÊ NASCEU? COPIE O NOME DESSE MÊS NO QUADRO.

LIÇÃO 3
O CORPO HUMANO

O CORPO HUMANO É COMPOSTO DE CABEÇA, TRONCO, MEMBROS SUPERIORES E MEMBROS INFERIORES.

- OBSERVE O QUE AS SETAS ESTÃO APONTANDO NO CORPO DO MENINO.
- FALE O NOME DESSAS PARTES QUE COMPÕEM O TRONCO E OS MEMBROS SUPERIORES E INFERIORES. DEPOIS, COLE OS ADESIVOS DA PÁGINA 161 COM OS NOMES NO LUGAR CORRETO. PEÇA AJUDA A UM ADULTO.

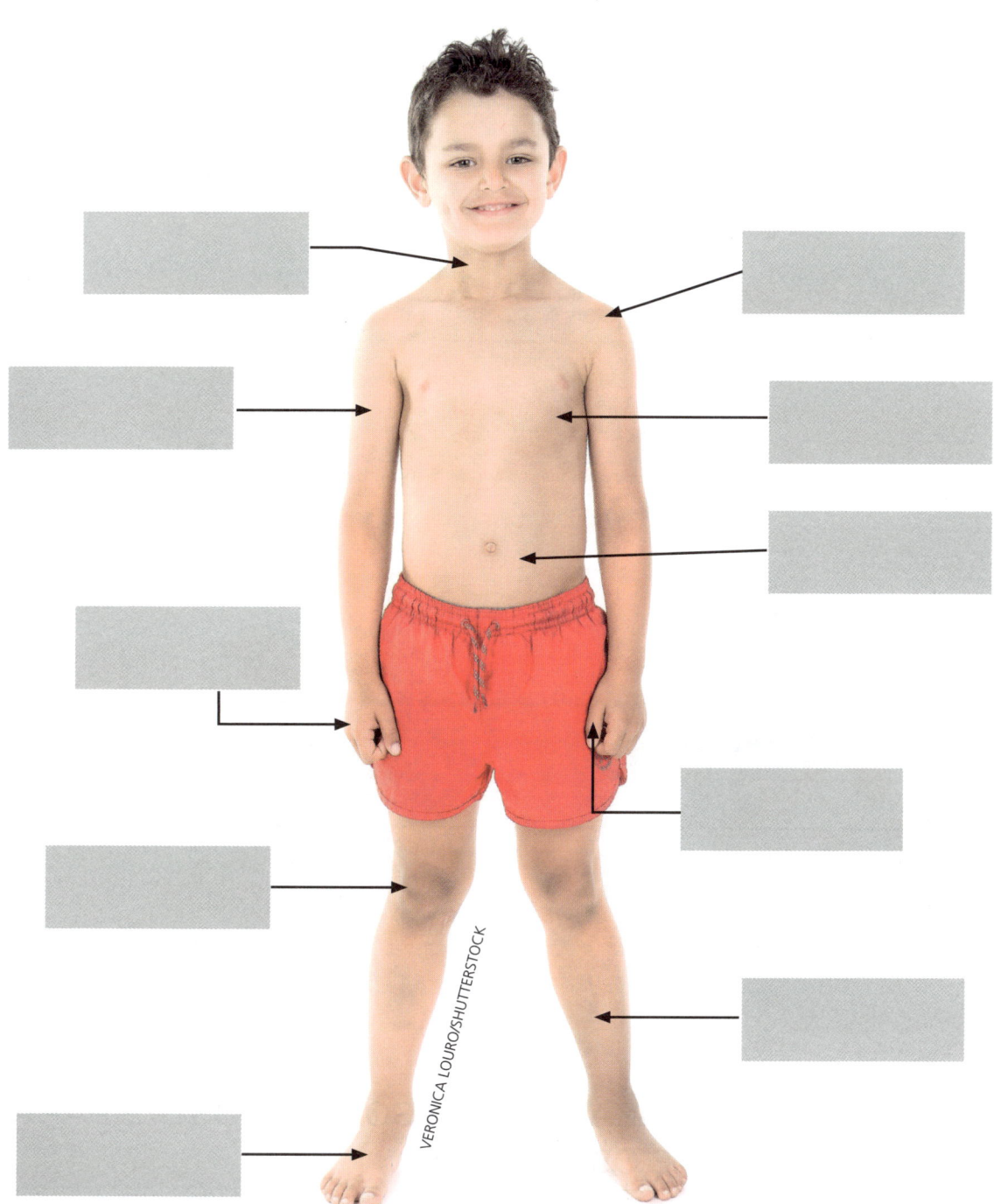

AS PESSOAS PODEM USAR PARTES DOS SEUS CORPOS PARA PRODUZIR SONS.

- OBSERVE AS FIGURAS DAS CRIANÇAS BRINCANDO E PRODUZINDO SONS COM AS MÃOS, COM OS PÉS, COM A BOCA. COM SEUS COLEGAS, REPRODUZA AS MESMAS BRINCADEIRAS. DEPOIS, REPITA OS MOVIMENTOS CANTANDO UMA MÚSICA.

- INVENTE E PRODUZA OUTROS SONS E MOSTRE PARA A PROFESSORA E OS COLEGAS.

OS OSSOS

TOQUE NO SEU CORPO. PRIMEIRO NA CABEÇA, DEPOIS NO TÓRAX, NAS PERNAS, NOS BRAÇOS, NOS DEDOS.

VOCÊ SENTIU ALGUMAS PARTES DURAS QUE SÃO OS OSSOS.

OS OSSOS SÃO RESPONSÁVEIS PELA SUSTENTAÇÃO DO CORPO.

COMO SERIA NOSSO CORPO SE NÃO TIVÉSSEMOS OSSOS?

OBSERVE AS IMAGENS ABAIXO. ELAS SÃO RADIOGRAFIAS DE OSSOS DO CORPO HUMANO.

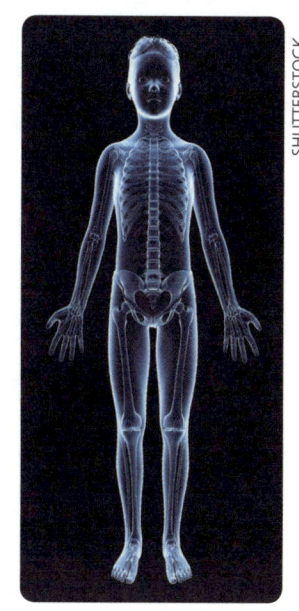

- LIGUE AS IMAGENS ÀS PARTES DO CORPO.

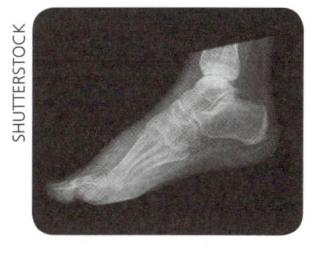 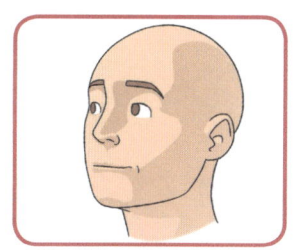

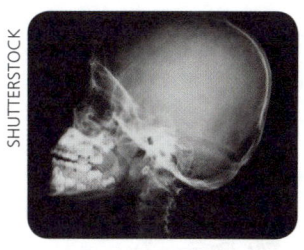 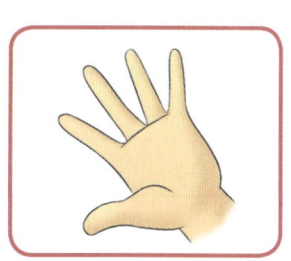

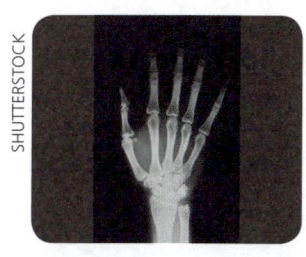 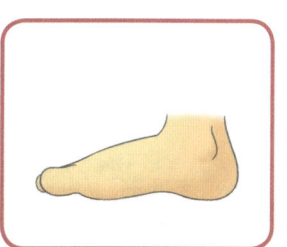

OS OSSOS E OS MÚSCULOS TRABALHAM JUNTOS NA MOVIMENTAÇÃO DO CORPO.

- LIGUE APENAS AS CRIANÇAS QUE ESTÃO FAZENDO O MESMO MOVIMENTO.

AS PESSOAS TAMBÉM PODEM DEMONSTRAR SENTIMENTOS POR MEIO DE EXPRESSÕES DO CORPO.

OBSERVE A CENA E FAÇA O QUE SE PEDE.

- FAÇA UM TRAÇO VERMELHO NA CRIANÇA QUE ESTÁ FELIZ.

  FAÇA UM TRAÇO AZUL NA CRIANÇA QUE ESTÁ SENTINDO DOR.

- MARQUE COM UM **X** A CRIANÇA QUE ESTÁ COM RAIVA.
- CIRCULE A CRIANÇA QUE ESTÁ ASSUSTADA.

- DESENHE EM CADA QUADRO COMO VOCÊ SE SENTE QUANDO ESTÁ:

ALEGRE	TRISTE
ZANGADO	CHORANDO
ASSUSTADO	COM SONO

CUIDAR DO CORPO É MUITO IMPORTANTE PARA TERMOS UMA VIDA SAUDÁVEL. VOCÊ PODE CUIDAR DO SEU CORPO COMENDO ALIMENTOS SAUDÁVEIS, TENDO BONS HÁBITOS DE HIGIENE, SEGUINDO AS ORIENTAÇÕES DOS PROFISSIONAIS DE SAÚDE, BRINCANDO E DESCANSANDO.

- MARQUE COM UM **X** OS ALIMENTOS QUE FAZEM BEM PARA O CORPO.

- COM AJUDA DE UM ADULTO, MARQUE AS ATIVIDADES QUE VOCÊ COSTUMA REALIZAR PARA TER HÁBITOS SAUDÁVEIS.

ESCOVO MEUS DENTES DIARIAMENTE

TOMO BANHO DIARIAMENTE

COMO FRUTAS E VERDURAS TODOS OS DIAS

DOU RISADA COM FREQUÊNCIA

FAÇO EXERCÍCIOS FÍSICOS

EVITO COMER COISAS INDUSTRIALIZADAS

DURMO O SUFICIENTE

TENHO HORÁRIO PARA REALIZAR MINHAS TAREFAS ESCOLARES

RESPEITO AS REGRAS DE UMA BRINCADEIRA COM MEUS COLEGAS

- COLE OS ADESIVOS DA PÁGINA 162 NOS QUADROS ADEQUADOS.

COISAS QUE FAZEM BEM À NOSSA SAÚDE	
ALIMENTAÇÃO SAUDÁVEL	PRATICAR ESPORTES
CUIDAR DA HIGIENE PESSOAL	PROTEÇÃO DOS ADULTOS
LAZER	DORMIR BEM E O TEMPO ADEQUADO

- OBSERVE AS IMAGENS A SEGUIR. CIRCULE OS OBJETOS QUE O MENINO PODE USAR PARA SUA HIGIENE CORPORAL.

- COM AJUDA DE UM ADULTO, RESPONDA ÀS PERGUNTAS MARCANDO COM UM **X** NO QUADRO.

VOCÊ ESCOVA OS DENTES?

SIM ☐   NÃO ☐   ÀS VEZES ☐

QUANDO VOCÊ ESCOVA OS DENTES?

APÓS O ALMOÇO ☐   DE MANHÃ ☐

APÓS O JANTAR ☐   ANTES DE DORMIR ☐

- CIRCULE O QUE VOCÊ DEVE FAZER PARA TER DENTES SAUDÁVEIS.

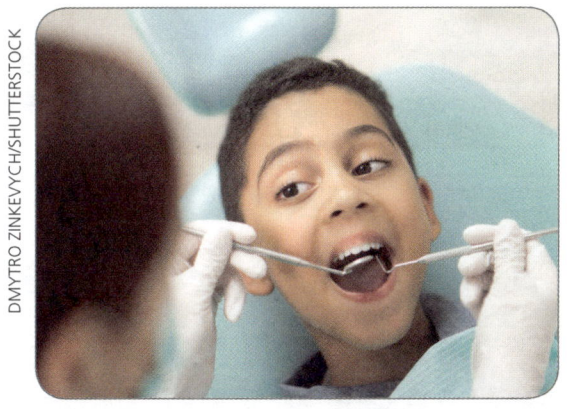

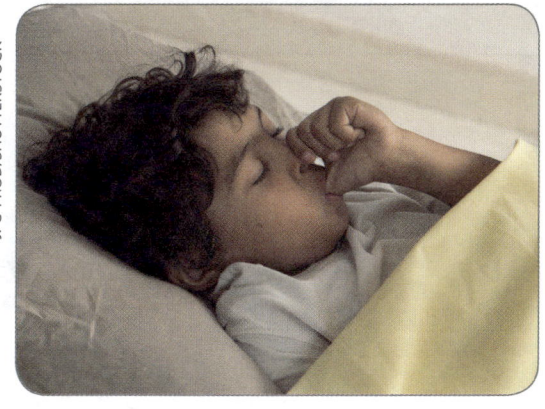
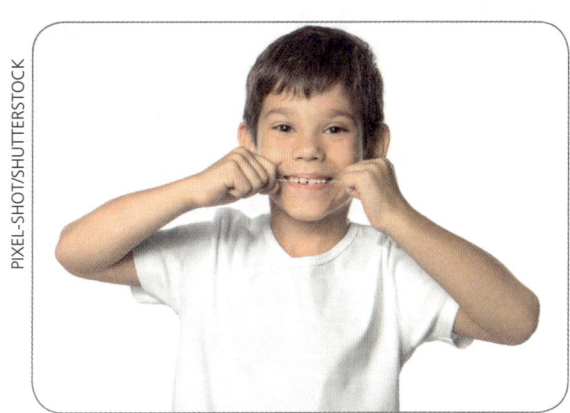

MÉDICOS, ENFERMEIROS, DENTISTAS, NUTRICIONISTAS E TERAPEUTAS SÃO ALGUNS DOS PROFISSIONAIS QUE NOS AJUDAM A CUIDAR DA NOSSA SAÚDE.

- OBSERVE AS IMAGENS E CIRCULE AQUELA QUE MOSTRA O PROFISSIONAL QUE JÁ CUIDOU DE VOCÊ.

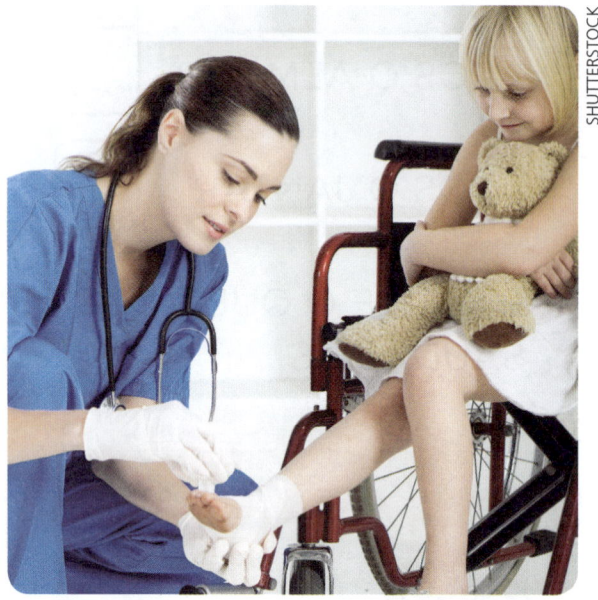
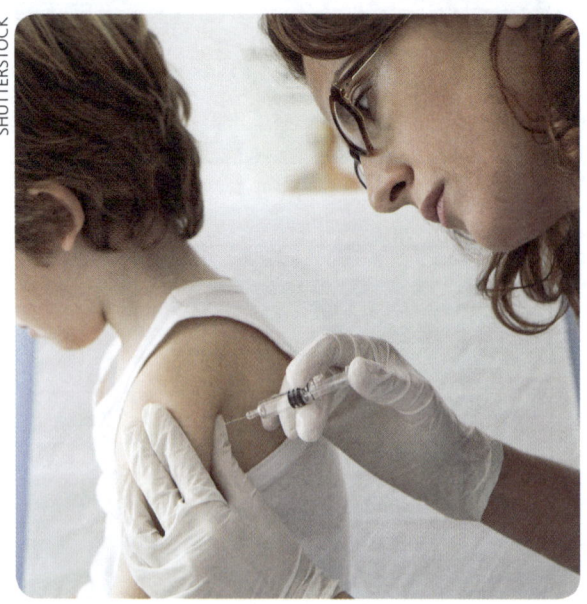
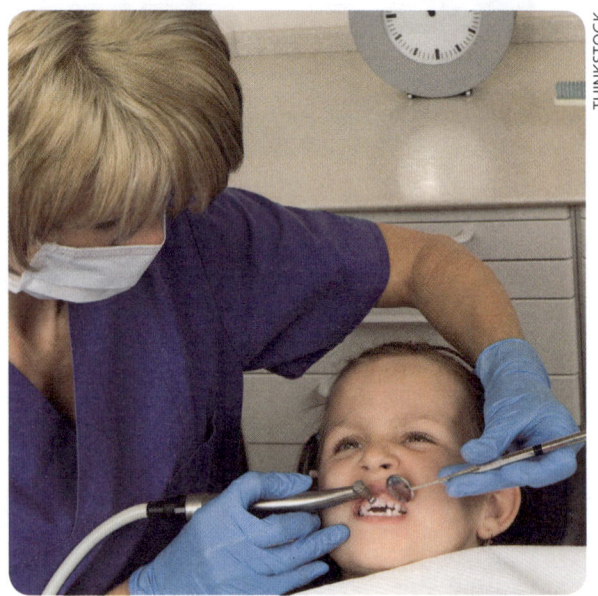

- OBSERVE AS CENAS E FAÇA UM RISCO NAQUELAS QUE MOSTRAM SITUAÇÕES PERIGOSAS. DEPOIS, PINTE AS OUTRAS.

- POR QUE ESSAS SITUAÇÕES SÃO PERIGOSAS? CONVERSE COM OS COLEGAS.

- OUÇA AS ADIVINHAS. DEPOIS, IDENTIFIQUE AS RESPOSTAS LIGANDO-AS AOS DESENHOS.

UM MAIS COMPRIDO E OUTROS MAIS BAIXOS.
UM PEQUENO E FRACO E OUTRO GORDUCHO.
QUEM SÃO?

PÉ

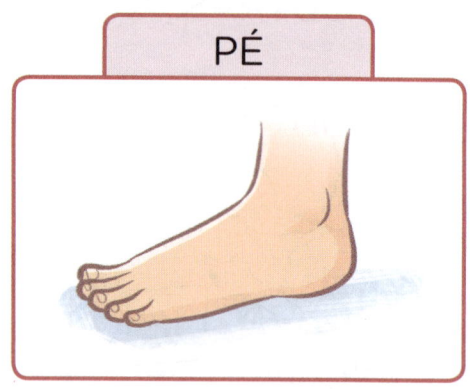

QUANDO PARTE UMA, PARTE OUTRA.
QUANDO CHEGA UMA, CHEGA OUTRA.
QUEM SÃO?

DEDOS

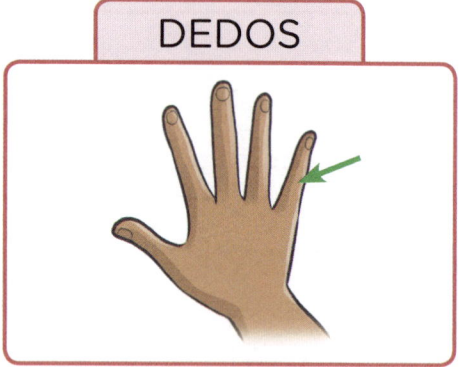

TRABALHA DEITADO E DORME EM PÉ.
QUEM É?

ORELHAS

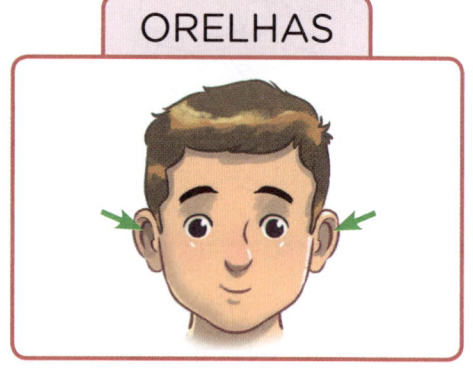

SÃO DUAS IRMÃS GÊMEAS, MORAM JUNTAS E NUNCA SE VIRAM ANTES.
QUEM SÃO?

PERNAS

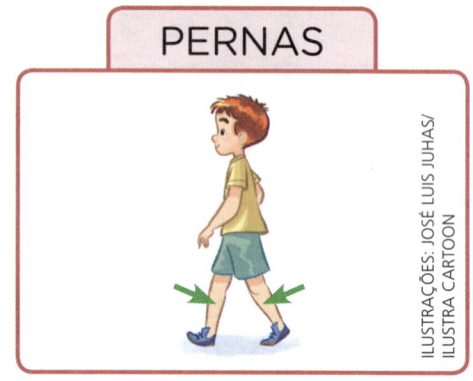

ILUSTRAÇÕES: JOSÉ LUIS JUHAS/ILUSTRA CARTOON

LIÇÃO 4

OS SENTIDOS

AS PESSOAS PODEM CONHECER E PERCEBER OS OBJETOS OU SITUAÇÕES DO SEU DIA A DIA USANDO OS ÓRGÃOS DO CORPO.

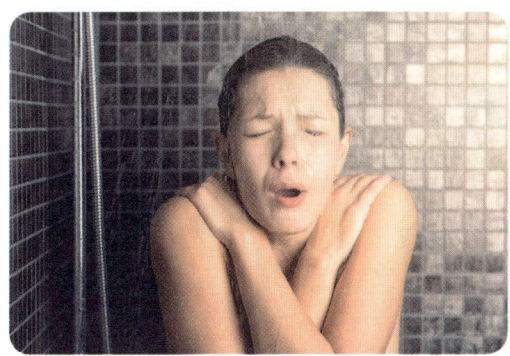

- O QUE VOCÊ MAIS GOSTA DE SENTIR? O QUE VOCÊ MAIS GOSTA DE COMER? QUAL É O CHEIRO DE QUE VOCÊ MAIS GOSTA? E QUAL É A MÚSICA QUE VOCÊ MAIS GOSTA DE OUVIR?

ALGUNS ÓRGÃOS DO NOSSO CORPO SÃO CHAMADOS DE **ÓRGÃOS DOS SENTIDOS**.

PARA VER, OBSERVAR E IDENTIFICAR OS OBJETOS USAMOS O SENTIDO DA VISÃO.

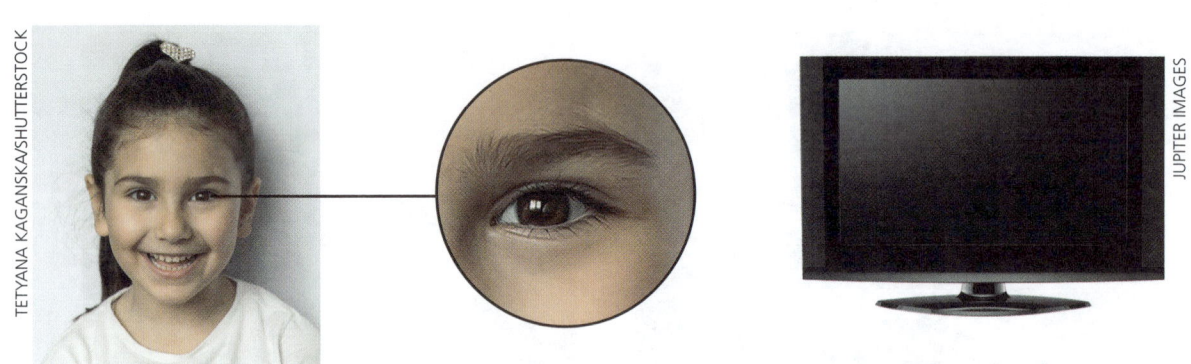

OS OLHOS SÃO OS ÓRGÃOS DA **VISÃO**.

COM O SENTIDO DA AUDIÇÃO, OUVIMOS E PERCEBEMOS OS SONS DO MEIO EM QUE VIVEMOS.

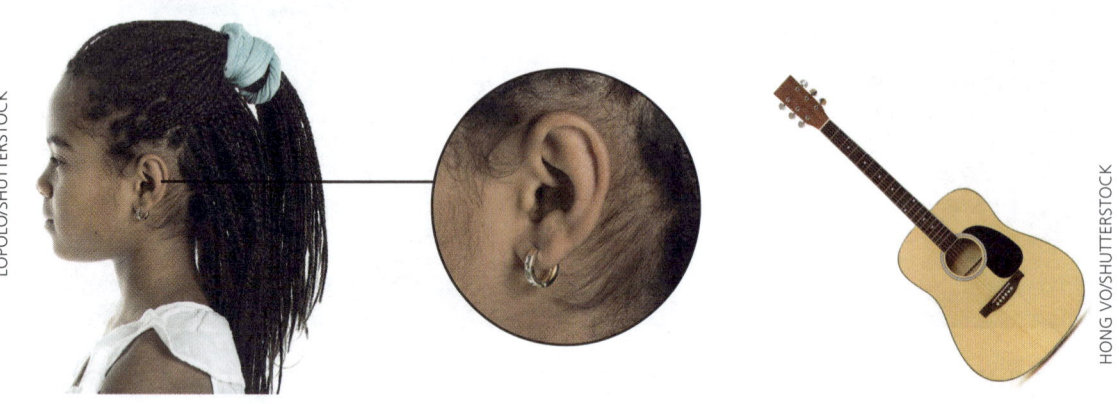

AS ORELHAS SÃO OS ÓRGÃOS DA **AUDIÇÃO**.

É PELO SENTIDO DO OLFATO QUE PERCEBEMOS E IDENTIFICAMOS OS CHEIROS.

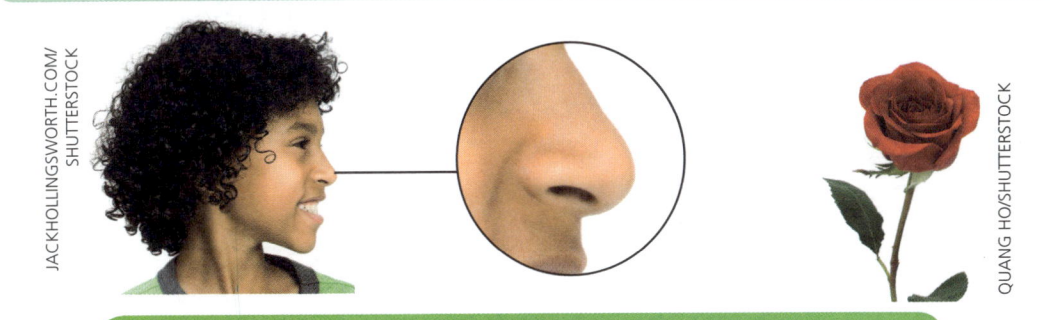

O NARIZ É O ÓRGÃO DO **OLFATO**.

QUANDO A NOSSA LÍNGUA ENTRA EM CONTATO COM OS ALIMENTOS, PERCEBEMOS GOSTOS DIFERENTES.

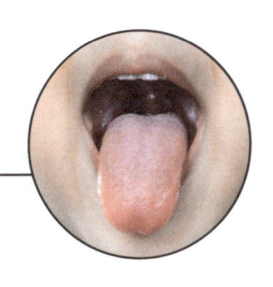

A LÍNGUA É O ÓRGÃO DO **PALADAR**.

COM A PELE PERCEBEMOS E IDENTIFICAMOS O QUE NOS CERCA.

A PELE É O ÓRGÃO DO **TATO**.

- LIGUE CORRETAMENTE.

POSSO OUVIR E IDENTIFICAR OS SONS.

POSSO SENTIR O SABOR E RECONHECER OS ALIMENTOS.

POSSO PERCEBER E IDENTIFICAR OS OBJETOS.

POSSO PERCEBER E IDENTIFICAR OS CHEIROS.

POSSO VER MUITAS COISAS E LER VÁRIAS HISTÓRIAS.

COM O SENTIDO DA VISÃO PODEMOS RECONHECER O AMBIENTE À NOSSA VOLTA.

- OBSERVE AO SEU REDOR E DESENHE ALGUNS ELEMENTOS QUE VOCÊ PERCEBE POR MEIO DA VISÃO.

VOCÊ JÁ VIU QUE A PELE É RESPONSÁVEL PELO SENTIDO DO TATO.

POR MEIO DA PELE PERCEBEMOS AS SENSAÇÕES DE FRIO, DE CALOR E, TAMBÉM, DE DOR.

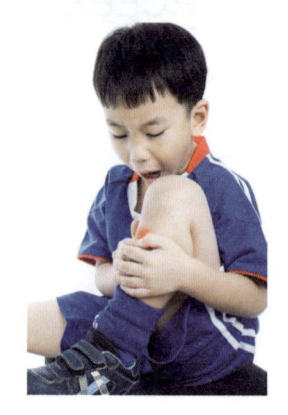

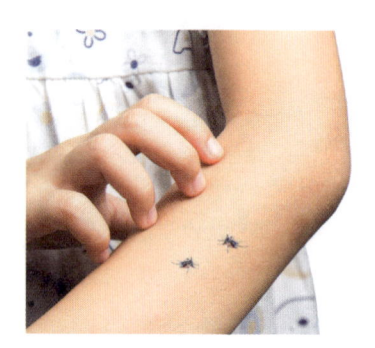

- QUAIS PARTES DO CORPO, ALÉM DAS MÃOS, PERMITEM A SENSAÇÃO DO TATO?

VOCÊ SABIA QUE OS DEFICIENTES VISUAIS UTILIZAM O TATO PARA LER?

ELES UTILIZAM O ALFABETO BRAILLE.

BRAILLE É UM SISTEMA DE ESCRITA COMPOSTO DE PONTOS EM RELEVO.

COM O TATO PODEMOS SENTIR ALGUMAS CARACTERÍSTICAS DOS OBJETOS QUE TOCAMOS, POR EXEMPLO, SE ELE É DURO, ÁSPERO, MACIO, FRIO OU QUENTE.

- COLE FIGURAS OU DESENHE OBJETOS DE ACORDO COM AS LEGENDAS.

DURO

MACIO

LISO

ÁSPERO

FRIO

QUENTE

- QUE ÓRGÃO VOCÊ USA PARA OUVIR OS SONS?

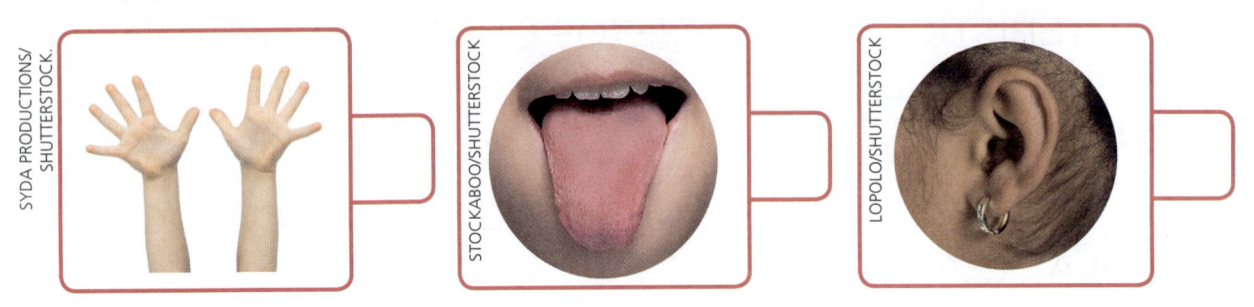

- CIRCULE OS SONS QUE SÃO AGRADÁVEIS DE OUVIR.

- QUAL É O SEU SOM FAVORITO?

• PINTE A FIGURA QUE MOSTRA A CRIANÇA USANDO O SENTIDO DA AUDIÇÃO.

VOCÊ SABIA QUE OS DEFICIENTES AUDITIVOS USAM SINAIS E GESTOS FEITOS COM AS MÃOS PARA SE COMUNICAR? A LINGUAGEM DOS SINAIS UTILIZA O ALFABETO EM LIBRAS.

JOSÉ LUIS JUHAS

- QUAL É O ÓRGÃO QUE VOCÊ USA PARA SENTIR CHEIROS?

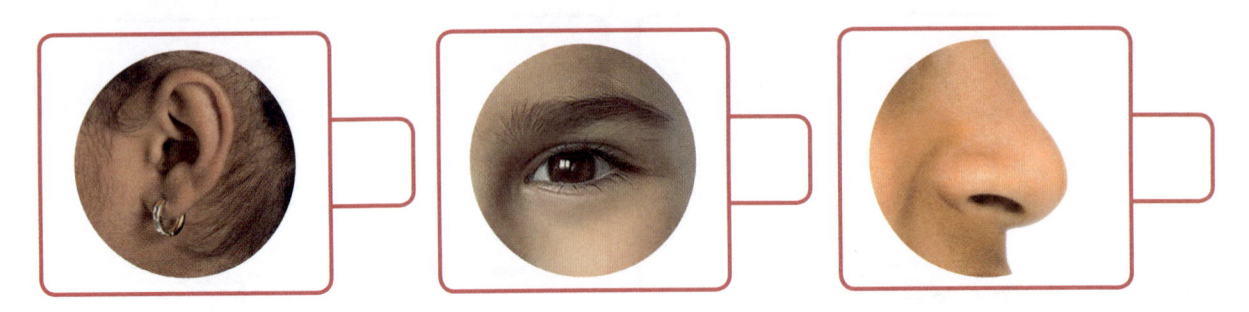

- PINTE DE AMARELO O QUE TEM CHEIRO AGRADÁVEL E DE MARROM O QUE TEM CHEIRO DESAGRADÁVEL.

- QUAL CHEIRO VOCÊ MAIS GOSTA DE SENTIR?

- CIRCULE AS IMAGENS EM QUE AS PESSOAS ESTÃO USANDO O SENTIDO DO OLFATO.

COM O PALADAR VOCÊ SENTE O SABOR DOS ALIMENTOS.

- ESCREVA O NOME OU COLE IMAGENS DE DOIS ALIMENTOS DE CADA SABOR.

SALGADO

DOCE

AZEDO

- QUAIS ÓRGÃOS DO SENTIDO ESTÃO SENDO UTILIZADOS? COLE OS ADESIVOS DA PÁGINA 162 NO LUGAR CERTO.

AUDIÇÃO

TATO

PALADAR

VISÃO

OLFATO

NOSSO CORPO DEVE SER CUIDADO E PROTEGIDO TANTO DO FRIO QUANTO DO CALOR.

- CIRCULE A CRIANÇA QUE NÃO ESTÁ USANDO A ROUPA ADEQUADA PARA UM DIA DE CALOR.

NOS DIAS QUENTES DEVEMOS USAR ROUPAS LEVES. QUANDO FAZ FRIO DEVEMOS NOS AGASALHAR.

- COLE AS PEÇAS DE ROUPAS NOS LUGARES CORRETOS. USE OS ADESIVOS DA PÁGINA 163.

DIAS QUENTES	DIAS FRIOS

- PINTE AS ROUPAS E OS ACESSÓRIOS DE ACORDO COM A LEGENDA.

  🟨 VESTUÁRIOS MAIS APROPRIADOS PARA UM DIA DE CALOR.

  🟦 VESTUÁRIOS MAIS APROPRIADOS PARA UM DIA DE FRIO.

LIÇÃO 5

FAMÍLIA

O SER HUMANO, GERALMENTE, VIVE EM GRUPO. A FAMÍLIA É NOSSO PRIMEIRO GRUPO DE CONVIVÊNCIA.

- DESENHE AS PESSOAS QUE MORAM COM VOCÊ: SUA FAMÍLIA.

- MOSTRE SEU DESENHO AOS COLEGAS, DIGA QUEM É E O NOME DE CADA PESSOA.

VOCÊ DESENHOU SUA FAMÍLIA E VIU O DESENHO DOS SEUS COLEGAS.

- AGORA, RESPONDA: AS FAMÍLIAS SÃO IGUAIS? PINTE O QUADRO QUE CORRESPONDE À SUA RESPOSTA.

AS FAMÍLIAS SÃO DIFERENTES. OBSERVE.

- QUAL DESSAS FAMÍLIAS SE PARECE MAIS COM A SUA?

- OUÇA A LEITURA E COMPLETE AS FRASES LIGANDO ÀS FIGURAS CORRETAS.

AS FILHAS DOS MEUS AVÓS SÃO MINHAS...

OS IRMÃOS DOS MEUS PAIS SÃO MEUS...

OS FILHOS DOS MEUS TIOS SÃO MEUS...

OS PAIS DOS MEUS PAIS SÃO MEUS...

TIOS

PRIMOS

AVÓS

TIAS

PARA QUE UMA FAMÍLIA VIVA EM HARMONIA, É IMPORTANTE QUE TODOS SE AJUDEM E COOPEREM UNS COM OS OUTROS.

- COMO VOCÊ AJUDA SUA FAMÍLIA NO DIA A DIA?
- CIRCULE AS CENAS QUE MOSTRAM O QUE VOCÊ COSTUMA FAZER PARA AJUDAR SUA FAMÍLIA.

| ARRUMAR OS BRINQUEDOS | CUIDAR DAS PLANTAS | CUIDAR DO CACHORRO |

- DESENHE NO QUADRO OUTRA ATIVIDADE QUE VOCÊ FAZ PARA AJUDAR SUA FAMÍLIA.

OS ADULTOS, ALÉM DE COLABORAREM NAS ATIVIDADES DO DIA A DIA EM CASA, PODEM TER DIFERENTES TRABALHOS, EXERCER DIFERENTES PROFISSÕES.

- FAÇA UMA ENTREVISTA PARA DESCOBRIR A PROFISSÃO DE UM ADULTO QUE MORA COM VOCÊ.

  DEPOIS, COM A AJUDA DELE, PREENCHA A FICHA.

- NOME DA PESSOA: _____

- GRAU DE PARENTESCO: _____

- PROFISSÃO: _____

- INSTRUMENTOS OU OBJETOS QUE UTILIZA EM SEU TRABALHO:

  _____

  _____

- O QUE MAIS GOSTA DE FAZER EM SEU TRABALHO?

  _____

  _____

- HÁ QUANTOS ANOS EXERCE ESSA PROFISSÃO?

  _____

  _____

- ACOMPANHE A LEITURA QUE A PROFESSORA VAI FAZER E MARQUE A SITUAÇÃO QUE SE PARECE COM A REALIDADE DA SUA FAMÍLIA, PINTANDO O CORAÇÃO.

ALGUMAS FAMÍLIAS SÃO GRANDES

ALGUMAS FAMÍLIAS SÃO PEQUENAS

ALGUMAS FAMÍLIAS TÊM FILHOS ADOTIVOS

ALGUMAS FAMÍLIAS MORAM COM OUTRAS FAMÍLIAS

ALGUMAS FAMÍLIAS SÃO MUITO UNIDAS

ALGUMAS FAMÍLIAS TÊM SÓ PAI

ALGUMAS FAMÍLIAS TÊM SÓ MÃE

A MINHA FAMÍLIA É _____

AS PESSOAS DE UMA FAMÍLIA COSTUMAM PASSAR MOMENTOS AGRADÁVEIS JUNTAS.

- DESENHE O QUE VOCÊ E SEUS FAMILIARES FAZEM PARA SE DIVERTIR AO AR LIVRE.

- ESSA ATIVIDADE PODE SER REALIZADA EM UM DIA DE CHUVA?

EM UM MESMO DIA, PODEMOS TER PERÍODOS DE SOL E CALOR, DE CHUVA OU DE FRIO.
OBSERVE COMO ESTÁ O DIA HOJE.

- PINTE A CENA QUE MAIS SE PARECE COM O DIA QUE VOCÊ OBSERVOU.

DURANTE O ANO VOCÊ PODE OBSERVAR PERÍODOS COM DIAS MAIS QUENTES E OUTROS MAIS FRIOS.

ESSES PERÍODOS SÃO CHAMADOS DE **ESTAÇÕES DO ANO**.

- OBSERVE AS CENAS. PINTE OS QUADRINHOS QUE FORMAM O NOME DE CADA ESTAÇÃO DO ANO.

FOTOS: SHUTTERSTOCK

VERÃO

ZE	VE	SO	RÃO
TA	BE	BU	GO

OUTONO

OU	PO	TO	DA
TE	FU	LE	NO

INVERNO

SA	IN	TU	CA
NE	VER	NO	LO

PRIMAVERA

PRI	TO	SI	MA
LU	VE	RA	DO

LIÇÃO 6

MORADIA

PENSE EM TODAS AS PESSOAS QUE MORAM COM VOCÊ E NO QUE ELAS LHE PROPORCIONAM: CARINHO, ATENÇÃO, CUIDADO, PROTEÇÃO, ALIMENTAÇÃO, DIVERSÃO...

MORADIA É O LUGAR ONDE VIVEMOS. TODOS NÓS PRECISAMOS DE UMA MORADIA QUE NOS FORNEÇA ABRIGO, SEGURANÇA E CONFORTO.

- COMO É SUA MORADIA?
- DESENHE E PINTE SUA MORADIA.

- OBSERVE AS FIGURAS DE PESSOAS TRABALHANDO NA CONSTRUÇÃO DE MORADIAS.

FOTOS: SHUTTERSTOCK

- QUAL É O NOME DESSAS PROFISSÕES?

- **RELACIONE CADA PROFISSIONAL AO SEU INSTRUMENTO DE TRABALHO.**

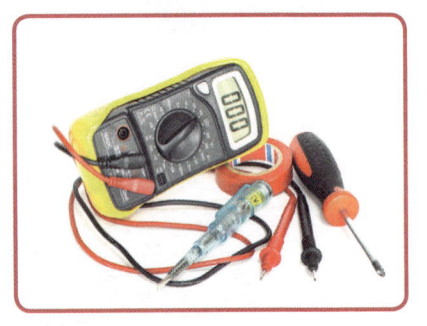

HÁ DIVERSOS TIPOS DE MORADIA. ELAS PODEM SER CONSTRUÍDAS COM DIFERENTES MATERIAIS.

- RELACIONE CADA MORADIA AO TIPO DE MATERIAL MAIS UTILIZADO EM SUA CONSTRUÇÃO. USE UMA COR DIFERENTE PARA CADA MORADIA.

CASA DE MADEIRA

CASA DE ALVENARIA

CASA DE PAU A PIQUE

PRÉDIO DE APARTAMENTOS

TIJOLO

PALHA

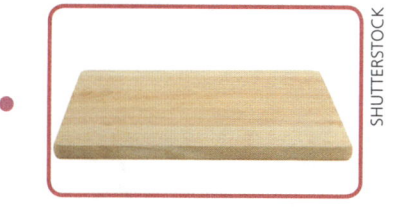

MADEIRA

BARRO

CIMENTO

- **FAÇA UM X NO QUE HÁ PRÓXIMO À RUA ONDE VOCÊ MORA.**

- LIGUE CADA CRIANÇA AO CÔMODO DA CASA QUE ELA PROCURA.

- DE QUE LUGAR DA SUA MORADIA VOCÊ MAIS GOSTA? POR QUÊ? CONTE PARA A PROFESSORA E OS COLEGAS.

LIÇÃO 7

ESCOLA

TODA CRIANÇA TEM O DIREITO DE IR À ESCOLA. NA ESCOLA, VOCÊ APRENDE SOBRE MUITOS ASSUNTOS IMPORTANTES E FAZ AMIGOS.

- ESCREVA O NOME DA SUA ESCOLA.

COMO É A ESCOLA ONDE VOCÊ ESTUDA?

- DESENHE-A ABAIXO USANDO GIZ DE CERA.

A SALA DE AULA É O LOCAL ONDE VOCÊ REALIZA ALGUMAS ATIVIDADES NA ESCOLA.

- CIRCULE OS OBJETOS QUE VOCÊ ENCONTRA EM SUA SALA DE AULA.

CARTEIRAS

QUADRO DE GIZ

CESTO DE LIXO

ARMÁRIO

CADEIRA

SOFÁ

MESA DO PROFESSOR

GELADEIRA

VENTILADOR

FOGÃO

ESPELHO

PIA

- PINTE OS MATERIAIS QUE VOCÊ USA EM ATIVIDADES NA SALA DE AULA.

| TESOURA | CELULAR | LIVRO |

| POTE DE TINTA | LÁPIS | FACA |

| LIQUIDIFICADOR | PINCEL | GIZ DE CERA |

• PINTE A CENA QUE MOSTRA O QUE VOCÊ MAIS GOSTA DE FAZER NA SALA DE AULA.

- ALÉM DA SALA DE AULA, A ESCOLA TEM OUTRAS DEPENDÊNCIAS. MARQUE COM UM **X** AS DEPENDÊNCIAS QUE HÁ NA SUA ESCOLA.

SALA DE INFORMÁTICA

CANTINA

BANHEIRO

BIBLIOTECA

MUITAS PESSOAS TRABALHAM NA ESCOLA. ELAS CONTRIBUEM PARA MANTER A ORGANIZAÇÃO E O BOM FUNCIONAMENTO.

- VOCÊ CONHECE AS PESSOAS QUE TRABALHAM NA SUA ESCOLA?
- CIRCULE AS FIGURAS QUE REPRESENTAM OS PROFISSIONAIS QUE VOCÊ ENCONTRA NA SUA ESCOLA.

NO CAMINHO PARA A ESCOLA, VOCÊ PASSA POR LUGARES ONDE EXISTEM PESSOAS TRABALHANDO. SÃO PROFISSIONAIS QUE REALIZAM DIFERENTES ATIVIDADES.

- OBSERVE AS IMAGENS A SEGUIR.

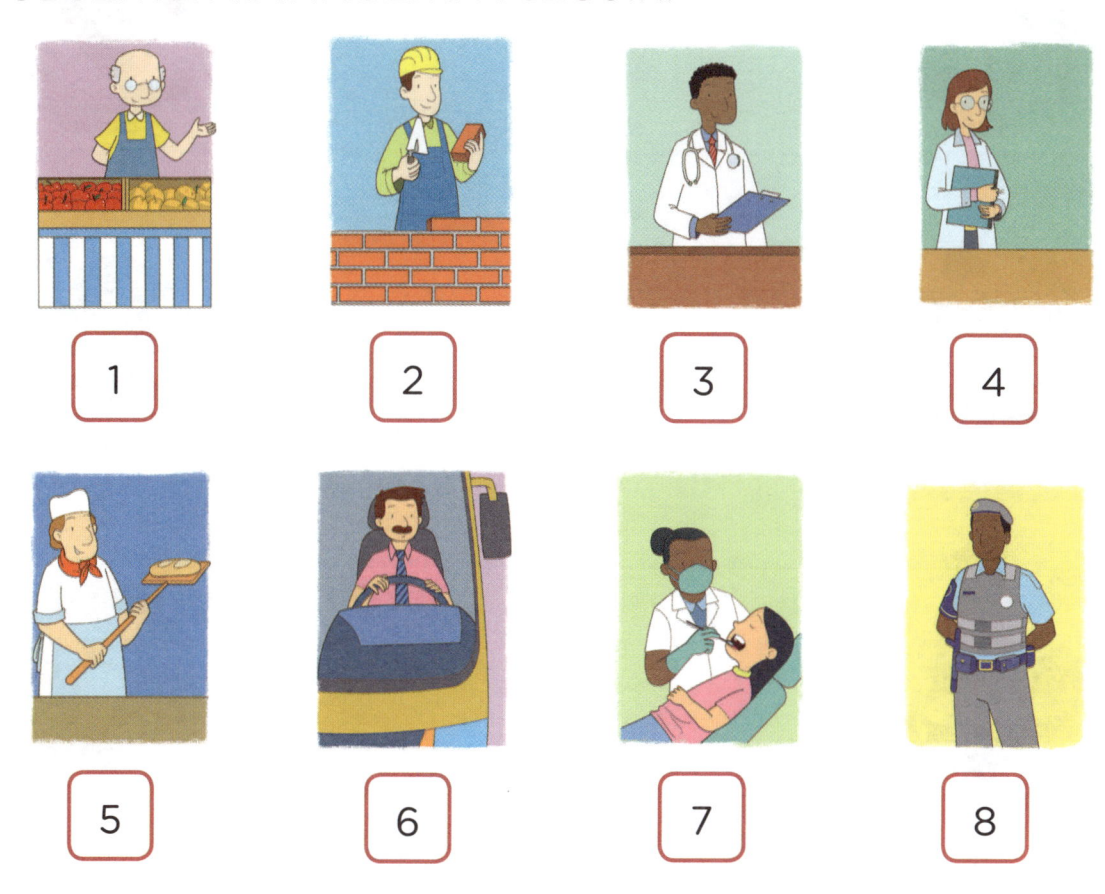

1   2   3   4

5   6   7   8

- A PROFESSORA VAI LER O NOME DAS PROFISSÕES E VOCÊ VAI COLOCAR O NÚMERO CORRESPONDENTE, DE ACORDO COM O NÚMERO DE CADA IMAGEM.

☐ PADEIRO   ☐ FEIRANTE

☐ MÉDICO   ☐ PEDREIRO

☐ DENTISTA   ☐ PROFESSORA

☐ POLICIAL   ☐ MOTORISTA

- RELACIONE CADA PROFISSIONAL AO SEU INSTRUMENTO DE TRABALHO.

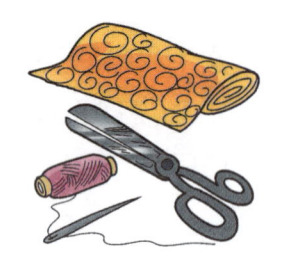

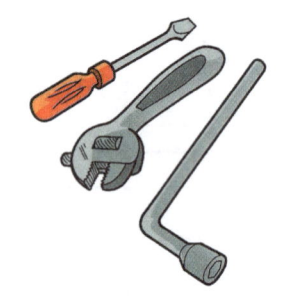

NA ESCOLA HÁ REGRAS DE CONVIVÊNCIA PARA QUE NÃO HAJA CONFLITO ENTRE AS PESSOAS.

- CONVERSE COM A PROFESSORA E OS COLEGAS. FAÇAM JUNTOS UMA LISTA DE REGRAS IMPORTANTES PARA A BOA CONVIVÊNCIA NA ESCOLA. DEPOIS, ESCOLHA UMA DESSAS REGRAS E FAÇA UM DESENHO.

- RESPONDA COM A AJUDA DA PROFESSORA E DOS COLEGAS.

    VOCÊ GOSTA DE BRINCAR COM SEUS COLEGAS DA ESCOLA?

    COMO VOCÊ ACHA QUE SE SENTEM AS CRIANÇAS QUE BRINCAM JUNTAS?

    E COMO SE SENTEM AS CRIANÇAS QUE NÃO BRINCAM COM AS DEMAIS?

LIÇÃO 8

AS DIFERENTES PAISAGENS

OBSERVE AS FOTOS A SEGUIR.

ALEXANDR VOROBEV/SHUTTERSTOCK

SHUTTERSTOCK

ESSAS FOTOS MOSTRAM PAISAGENS NATURAIS.

> **PAISAGEM NATURAL** É AQUELA QUE APRESENTA APENAS ELEMENTOS DA NATUREZA: VEGETAÇÃO, RIOS, PEDRAS, MONTANHAS, ENTRE OUTROS.

- VOCÊ CONHECE ALGUMA PAISAGEM NATURAL?

EXISTEM TAMBÉM AS PAISAGENS QUE SOFRERAM A INTERFERÊNCIA DO SER HUMANO. SÃO CHAMADAS DE **PAISAGENS TRANSFORMADAS**.

RECIFE – PERNAMBUCO

SÍTIO EM MINAS GERAIS

LINDÓIA – SÃO PAULO

SÃO PAULO – SÃO PAULO

- CIRCULE A FOTO QUE MOSTRA UMA PAISAGEM PARECIDA COM O LUGAR ONDE VOCÊ MORA.

AS PAISAGENS TRANSFORMADAS PODEM APRESENTAR PLANTAÇÕES, CRIAÇÕES DE ANIMAIS E CONSTRUÇÕES DE VÁRIOS TIPOS, COMO MORADIAS, RUAS, ESTRADAS, LINHAS DE TREM E COMÉRCIO.

- PROCURE E RECORTE DE JORNAIS OU REVISTAS UMA IMAGEM DE PAISAGEM TRANSFORMADA. COLE-A NO QUADRO ABAIXO.

- MOSTRE PARA A PROFESSORA E OS COLEGAS A IMAGEM QUE VOCÊ ENCONTROU.

AMBIENTE É O NOME DADO AO LUGAR E TUDO O QUE TEM NELE, COMO A LUZ, A ÁGUA, O SOLO, O AR E OS SERES VIVOS.

- COMO É O LUGAR ONDE VOCÊ VIVE? DESCREVA-O PARA OS COLEGAS. CONTE O QUE EXISTE AO REDOR DA SUA MORADIA.

- DESENHE O QUE VOCÊ MAIS GOSTA DO AMBIENTE ONDE VIVE.

O CUIDADO COM O AMBIENTE É TÃO IMPORTANTE QUANTO OS CUIDADOS COM O CORPO.

É NO AMBIENTE QUE VIVEMOS, POR ISSO PRECISAMOS CUIDAR DELE E PRESERVÁ-LO.

- PINTE DE VERDE A MOLDURA DA FOTO QUE MOSTRA UM AMBIENTE BEM CUIDADO.

FOTOS: SHUTTERSTOCK

- EM QUAL DESSES LUGARES VOCÊ GOSTARIA DE BRINCAR? POR QUÊ?

UMA DAS MANEIRAS DE CUIDAR DO AMBIENTE É CUIDAR DO DESTINO DO LIXO.

PARA ISSO, É PRECISO DESCARTAR O LIXO NO LUGAR CERTO E SEPARAR O MATERIAL QUE PODE SER RECICLADO.

EXISTEM LIXEIRAS COLORIDAS PARA SEPARAR O LIXO.

- PINTE AS LIXEIRAS DE ACORDO COM A LEGENDA.

■ PAPEL   ■ PLÁSTICO   ■ METAL

■ VIDRO   ■ LIXO ORGÂNICO

RECICLAR É REUTILIZAR ALGUNS MATERIAIS DESCARTADOS PARA FABRICAR NOVOS PRODUTOS.

VOCÊ VAI FAZER A COLETA SELETIVA, ISTO É, SEPARAR O LIXO COLOCANDO CADA MATERIAL DESCARTADO NAS LIXEIRAS CORRETAS.

- COLE OS ADESIVOS DA PÁGINA 163 AO LADO DAS LIXEIRAS CORRESPONDENTES.

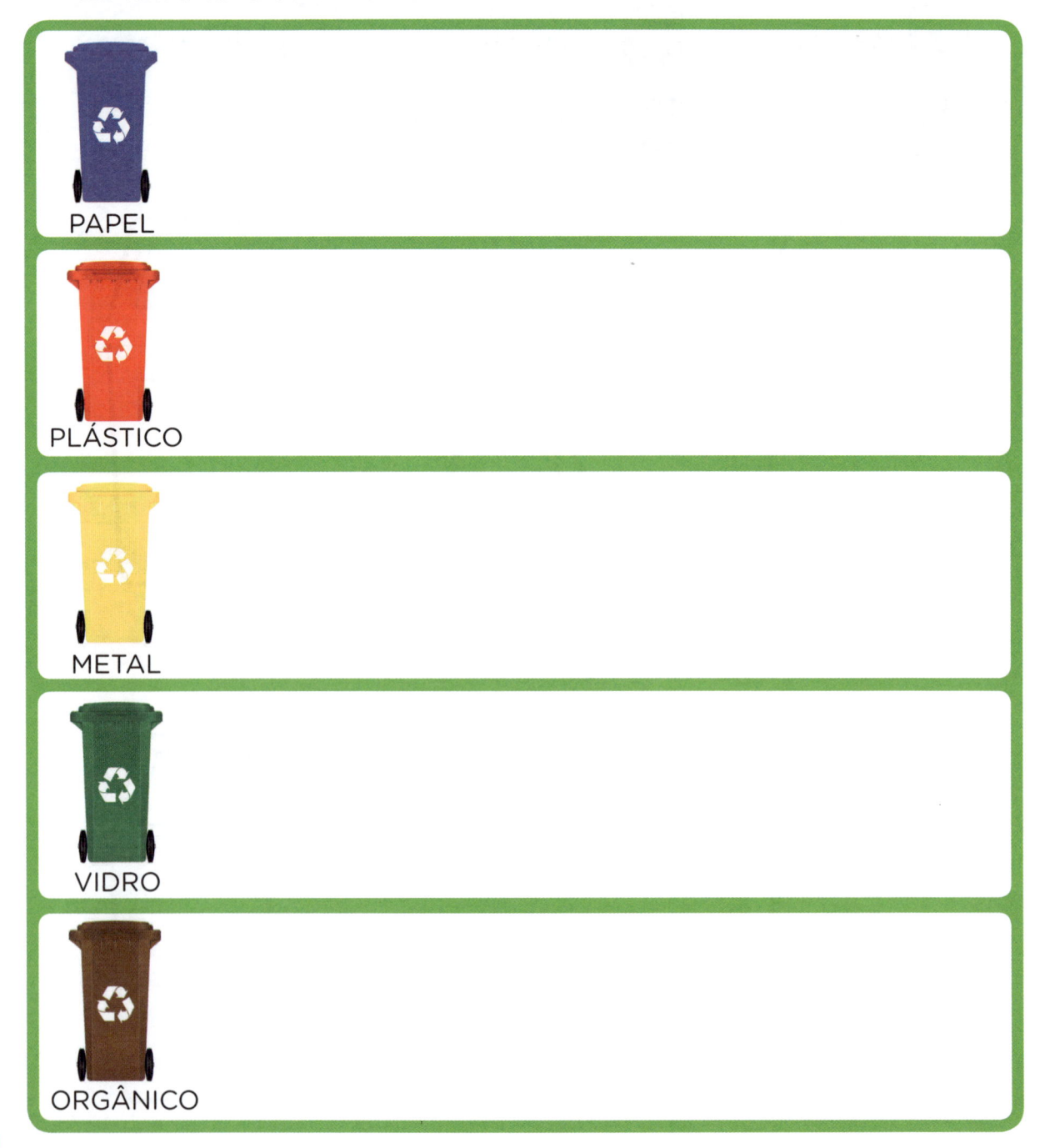

PAPEL

PLÁSTICO

METAL

VIDRO

ORGÂNICO

- ESTE PARQUE ESTÁ LIMPO OU SUJO? CIRCULE NA CENA TODO O LIXO QUE DEVE SER COLOCADO NAS LIXEIRAS.

- CONVERSE COM A PROFESSORA E OS COLEGAS SOBRE A IMPORTÂNCIA DE MANTER O AMBIENTE LIMPO, TENDO ATITUDES CORRETAS AO DESCARTAR O LIXO NOS LOCAIS ADEQUADOS.

LIÇÃO 9

O AR

O AR TAMBÉM É UM RECURSO NATURAL.
O AR É MUITO IMPORTANTE PORQUE TODOS OS SERES VIVOS PRECISAM DELE PARA RESPIRAR.
NÃO PODEMOS VER O AR, MAS PODEMOS SENTI-LO.

- OBSERVE AS FOTOS ABAIXO. COMO VOCÊ PODE PERCEBER A PRESENÇA DO AR?

- PINTE AS CENAS EM QUE VOCÊ PODE PERCEBER A PRESENÇA DO AR.

PESSOAS, ANIMAIS E PLANTAS PRECISAM DO AR PARA VIVER.

- CIRCULE AS FIGURAS QUE MOSTRAM OS SERES QUE PRECISAM DO AR PARA VIVER.

O SER HUMANO TAMBÉM PRECISA CUIDAR DO AR. O AR POLUÍDO FAZ MAL À SAÚDE.

- MARQUE AS CENAS EM QUE O AR ESTÁ SENDO POLUÍDO. USE OS ADESIVOS DA PÁGINA 164.

LIÇÃO 10

A ÁGUA

> A ÁGUA É UM RECURSO NATURAL MUITO IMPORTANTE PARA OS SERES VIVOS.
> TODOS OS SERES VIVOS PRECISAM DE ÁGUA PARA VIVER.

- PARA QUE VOCÊ USA A ÁGUA?
- PROCURE EM REVISTAS IMAGENS DE PESSOAS UTILIZANDO A ÁGUA. RECORTE-AS E COLE-AS NO QUADRO.

O PLANETA TERRA É TAMBÉM CHAMADO DE PLANETA ÁGUA.

- OBSERVE A FIGURA QUE REPRESENTA O PLANETA TERRA. PINTE DE AZUL AS PARTES ONDE HÁ UM PEIXINHO. O AZUL REPRESENTA A ÁGUA DOS MARES E DOS OCEANOS.

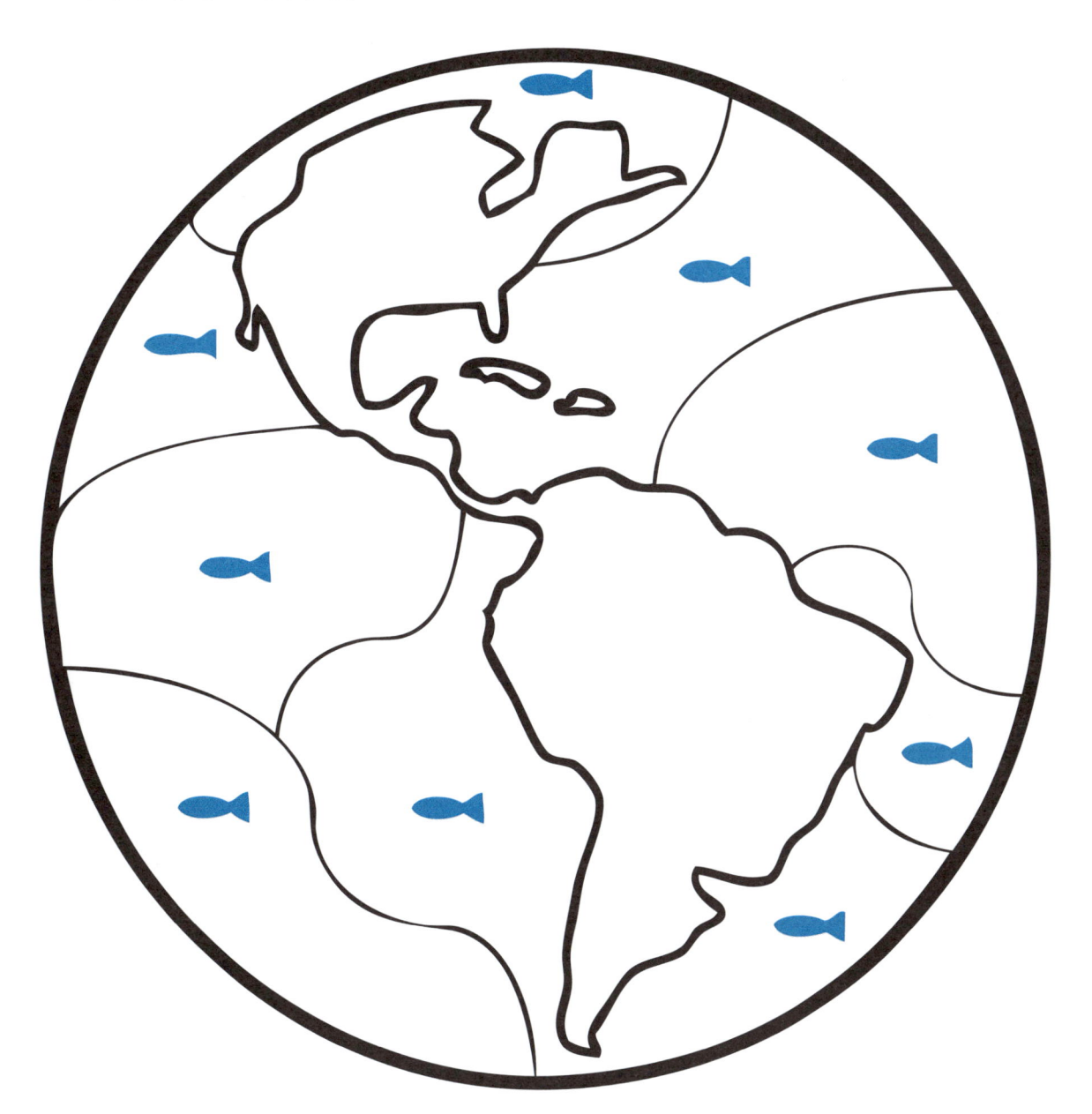

• PINTE OS SERES QUE PRECISAM DE ÁGUA PARA VIVER.

- CIRCULE AS CENAS QUE MOSTRAM A UTILIZAÇÃO DE ÁGUA NA HIGIENE DO CORPO.

- COMO A ÁGUA ESTÁ SENDO UTILIZADA NAS OUTRAS CENAS?

VOCÊ SABE QUE A ÁGUA É MUITO IMPORTANTE PARA OS SERES VIVOS. POR ISSO, PRECISAMOS PRESERVAR E EVITAR O DESPERDÍCIO PARA QUE A ÁGUA NUNCA ACABE.

- OBSERVE AS IMAGENS. FAÇA UM ✗ NAQUELAS QUE MOSTRAM PESSOAS USANDO A ÁGUA DE MANEIRA INADEQUADA.

MUITAS PESSOAS JOGAM LIXO NOS RIOS E NO MAR, O QUE DEIXA A ÁGUA POLUÍDA.

ALÉM DE SUJAR A ÁGUA, O LIXO PODE FAZER MAL PARA OS PEIXES E OUTROS SERES QUE VIVEM NOS RIOS E NOS MARES.

- COMPARE AS FOTOS E PINTE A MOLDURA DAS IMAGENS QUE MOSTRAM AS ÁGUAS DOS RIOS POLUÍDAS.

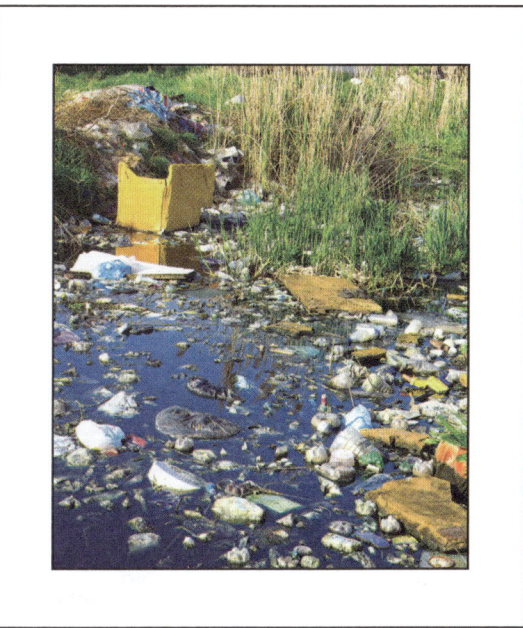

FOTOS: SHUTTERSTOCK

LIÇÃO 11

OS SERES VIVOS E OS ELEMENTOS NÃO VIVOS

NO AMBIENTE, ENCONTRAMOS VÁRIOS ELEMENTOS, COMO A LUZ, A ÁGUA, O SOLO, O AR E OS SERES VIVOS. OS **SERES VIVOS** SÃO AQUELES QUE NASCEM, CRESCEM, PODEM SE REPRODUZIR E MORREM.

- COLOQUE AS FIGURAS EM ORDEM, NUMERANDO DE ACORDO COM O CICLO DE VIDA DOS SERES VIVOS.

ANIMAL

PLANTA

- CIRCULE, EM CADA GRUPO, OS SERES VIVOS.

- FAÇA UM X SOMENTE NOS SERES VIVOS QUE VIVEM NO MAR.

BLUEHAND/SHUTTERSTOCK

JIANG HONGYAN/SHUTTERSTOCK

ERIC ISSELEE/SHUTTERSTOCK

SVETOGRAPHY/SHUTTERSTOCK

JAN MARTIN WILL/SHUTTERSTOCK

KLETR/SHUTTERSTOCK

NO AMBIENTE ENCONTRAMOS TAMBÉM OS **SERES NÃO VIVOS**. SÃO AQUELES QUE FAZEM PARTE DA NATUREZA, MAS NÃO TÊM VIDA, COMO A ÁGUA, O SOLO, AS ROCHAS E O AR. ELES SÃO ELEMENTOS NÃO VIVOS.

- FALE O NOME DOS ELEMENTOS NÃO VIVOS QUE VOCÊ PODE VER NA FOTO.

- OBSERVE A IMAGEM E PINTE OS ELEMENTOS DO AMBIENTE QUE **NÃO TÊM VIDA**.

NO AMBIENTE EXISTEM AINDA OS OBJETOS CRIADOS PELO SER HUMANO E QUE NÃO SÃO VIVOS.

SÃO OBJETOS FEITOS A PARTIR DE OUTROS MATERIAIS ENCONTRADOS NA NATUREZA, COMO CADEIRA, LÁPIS, CARRO, ROUPAS, BRINQUEDOS, ENTRE OUTROS.

- PESQUISE E RECORTE DE REVISTAS FIGURAS DE ELEMENTOS CRIADOS PELO SER HUMANO E COLE NO QUADRO ABAIXO.

- OBSERVE NA PRIMEIRA COLUNA FOTOS DE ALGUNS ELEMENTOS DO AMBIENTE QUE PODEM SER TRANSFORMADOS PELOS SERES HUMANOS PARA CRIAR PRODUTOS E OBJETOS.
- RELACIONE CADA ELEMENTO NÃO VIVO AO QUE ELE SE DESTINA.

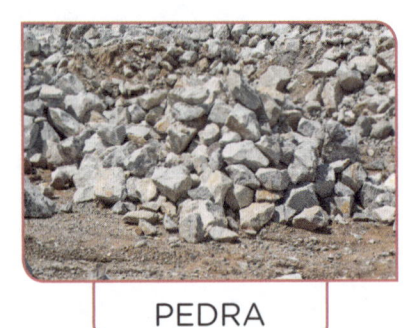

ÁGUA	SAL
PEDRA	VIDRO
SAL	ÁGUA MINERAL
AREIA	MURO

FOTOS: SHUTTERSTOCK

LIÇÃO 12

AS PLANTAS

AS PLANTAS SÃO SERES VIVOS: ELAS NASCEM, CRESCEM, PODEM SE REPRODUZIR, ISTO É, DAR ORIGEM A NOVAS PLANTAS, E DEPOIS MORREM.

GRAMA E ARBUSTOS.

ÁRVORES FRUTÍFERAS.

FLORES.

SAMAMBAIA.

MUITAS PLANTAS SÃO FORMADAS POR RAIZ, CAULE, FOLHAS, FLORES E FRUTOS.

RAIZ

FOLHA E FRUTO

FLOR E CAULE

FOTOS: SHUTTERSCTOK

- PINTE AS PARTES DA PLANTA DE ACORDO COM A LEGENDA.

  ⬛ CAULE   🟩 FOLHAS   🟨 FLORES   🟧 FRUTOS

- LIGUE A PLANTA AOS ELEMENTOS DE QUE ELA NECESSITA PARA SE DESENVOLVER.

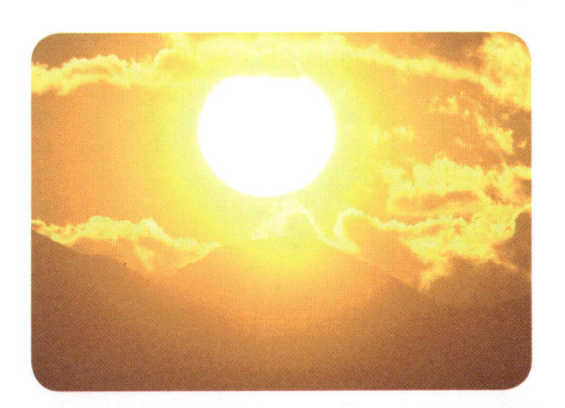

- PESQUISE, RECORTE E COLE DIFERENTES TIPOS DE PLANTA.

AS ÁRVORES SÃO MUITO IMPORTANTES PARA AS NOSSAS VIDAS E PARA O PLANETA.

ELAS SERVEM DE ABRIGO PARA MUITOS ANIMAIS, PRODUZEM ALIMENTOS, FORNECEM SOMBRA E AJUDAM A MANTER O AR LIMPO, CONTROLANDO A POLUIÇÃO.

FOTOS: SHUTTERSTOCK

- FAÇA UM DESENHO QUE RETRATE A IMPORTÂNCIA DAS ÁRVORES NA SUA VIDA.

EXISTEM PLANTAS QUE PODEM SER CULTIVADAS NAS HORTAS, NOS POMARES E NOS JARDINS.

NO POMAR, PLANTAMOS E COLHEMOS FRUTOS, COMO LARANJA E BANANA.

- OBSERVE AS FIGURAS ABAIXO E CIRCULE AS TRÊS FRUTAS DE QUE VOCÊ MAIS GOSTA.

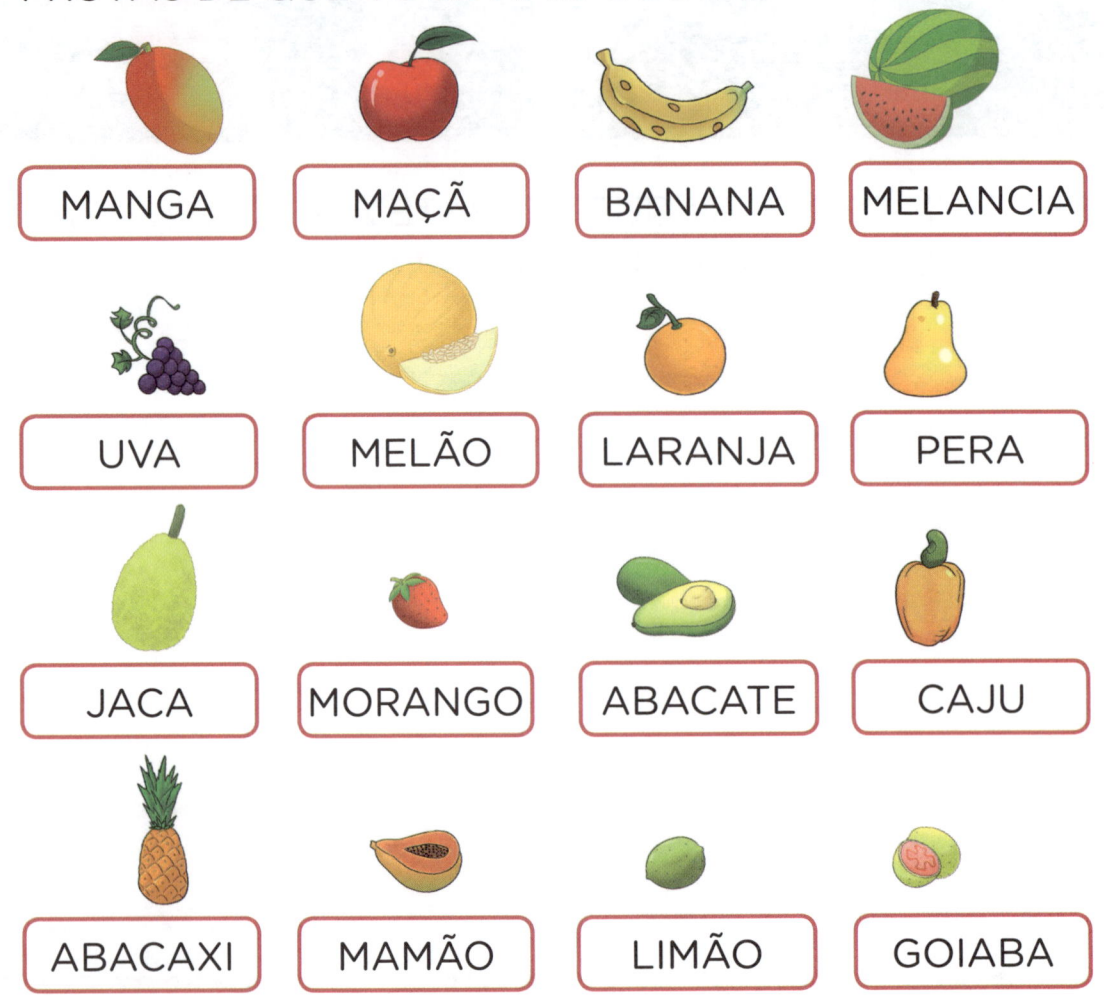

MANGA	MAÇÃ	BANANA	MELANCIA
UVA	MELÃO	LARANJA	PERA
JACA	MORANGO	ABACATE	CAJU
ABACAXI	MAMÃO	LIMÃO	GOIABA

NA HORTA, PLANTAMOS E COLHEMOS VÁRIOS PRODUTOS, COMO ALFACE, COUVE-FLOR, TOMATE, BATATA, CENOURA.

TOMATE.

COUVE.

ALFACE.

CENOURA.

- DESENHE NO QUADRO AS VERDURAS E OS LEGUMES QUE VOCÊ GOSTA DE COMER.

VOCÊ JÁ SABE QUE ANTES DAS REFEIÇÕES É PRECISO LAVAR AS MÃOS.

AS FRUTAS, AS VERDURAS E OS LEGUMES TAMBÉM DEVEM SER LAVADOS MUITO BEM EM ÁGUA CORRENTE ANTES DE SEREM CONSUMIDOS.

É PRECISO LAVAR PARA RETIRAR RESTOS DE TERRA, PEQUENOS INSETOS E OUTRAS COISAS QUE NÃO ENXERGAMOS, COMO AS BACTÉRIAS.

- ASSINALE A SEQUÊNCIA DE CENAS QUE MOSTRA UMA ATITUDE CORRETA.

NO JARDIM, PLANTAMOS FLORES.

JARDIM COM PLANTAS E FLORES.

CANTEIRO COM FLORES DIVERSAS.

- PESQUISE EM REVISTAS FIGURAS DE PLANTAS QUE PODEMOS CULTIVAR NO JARDIM OU EM VASOS. RECORTE-AS E COLE-AS NO QUADRO ABAIXO.

LIÇÃO 13 — OS ANIMAIS

> OS ANIMAIS, INCLUINDO O SER HUMANO, SÃO SERES VIVOS. ELES POSSUEM UM CICLO DE VIDA: NASCEM, CRESCEM, SE REPRODUZEM E MORREM. OS ANIMAIS PRECISAM DOS ELEMENTOS DA NATUREZA PARA VIVER.

- PESQUISE EM JORNAIS E REVISTAS FIGURAS DE ANIMAIS EM DIFERENTES ESPAÇOS, RECORTE E COLE-OS NO QUADRO ABAIXO.

CADA ESPÉCIE DE ANIMAL POSSUI CARACTERÍSTICAS PRÓPRIAS. ELES DIFEREM NA FORMA DE SE LOCOMOVER, NO REVESTIMENTO DE SEUS CORPOS, NA FORMA DE SE ALIMENTAR.

- OBSERVE OS ANIMAIS ABAIXO.

TAMANDUÁ

ARARINHA-AZUL

ONÇA

CALANGO

HIPOPÓTAMO

MICO-LEÃO-DOURADO

JACARÉ

LOBO-GUARÁ

TUIUIÚ

FOTOS: SHUTTERSTOCK

- VOCÊ SABE DIZER ONDE CADA UM DELES VIVE?

- RELACIONE CADA ANIMAL AO LUGAR EM QUE ELE PODE VIVER. USE CORES VARIADAS.

HÁ ANIMAIS QUE SE DESENVOLVEM DENTRO DO CORPO DA MÃE. OUTROS ANIMAIS SE DESENVOLVEM DENTRO DE OVOS, FORA DO CORPO DA MÃE.

- CIRCULE OS ANIMAIS QUE SE DESENVOLVEM DENTRO DA MÃE. DEPOIS, MARQUE COM UM **X** OS ANIMAIS QUE SE DESENVOLVEM DENTRO DE OVOS.

FOTOS: SHUTTERSTOCK

MICO-LEÃO-DOURADO

LOBO-GUARÁ

TARTARUGA

CAPIVARA

JACARÉ-DE-PAPO--AMARELO

VACA

JIBOIA

MACACO-PREGO

TIÊ-SANGUE

VOCÊ SABIA QUE O ANIMAL QUE SE DESENVOLVE DENTRO DO CORPO DA MÃE E MAMA QUANDO NASCE É CHAMADO **MAMÍFERO**?

E QUE O ANIMAL QUE NASCE DO OVO É **OVÍPARO**?

113

OS ANIMAIS SE LOCOMOVEM DE VÁRIAS MANEIRAS. UNS ANDAM, OUTROS NADAM, VOAM, RASTEJAM, PULAM.

- CIRCULE OS ANIMAIS QUE VOAM.
- RISQUE O ANIMAL QUE RASTEJA.

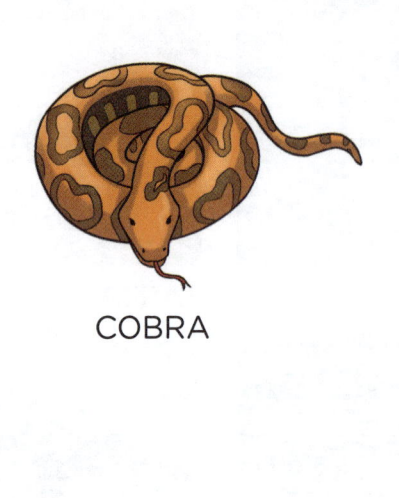

COBRA

BORBOLETA

PÁSSARO

CAVALO

SAPO

JOANINHA

- RESPONDA ORALMENTE: COMO SE LOCOMOVEM O CAVALO E O SAPO?

- COLE, NOS QUADROS ADEQUADOS, FIGURAS DE ANIMAIS QUE ANDAM, NADAM OU RASTEJAM. USE OS ADESIVOS DA PÁGINA 164.

ANDAM

NADAM

RASTEJAM

EXISTEM ANIMAIS QUE VIVEM NAS MATAS E FLORESTAS. ELES SÃO CHAMADOS DE **ANIMAIS SILVESTRES**.

- PINTE OS QUADROS DOS ANIMAIS SILVESTRES DE AZUL.

HÁ OUTROS ANIMAIS QUE PODEM VIVER PERTO DOS SERES HUMANOS. SÃO OS **ANIMAIS DOMESTICADOS**.

- CIRCULE OS ANIMAIS DOMESTICADOS.

| GALINHA | ONÇA | COBRA |

| GIRAFA | VACA | OVELHA |

| PORCO | JACARÉ | PATO |

O CORPO DOS ANIMAIS TEM DIFERENTES TIPOS DE REVESTIMENTO. O REVESTIMENTO TEM A FUNÇÃO DE PROTEGÊ-LOS E AJUDÁ-LOS NA LOCOMOÇÃO.

- COLE FIGURAS DE ANIMAIS QUE TENHAM O CORPO REVESTIDO DE PENAS, PELOS OU ESCAMAS. USE OS ADESIVOS DA PÁGINA 165.

PENAS

PELOS

ESCAMAS

ALGUNS ANIMAIS SÃO UTILIZADOS PELO SER HUMANO EM SUA ALIMENTAÇÃO.

- PESQUISE E RECORTE IMAGENS DE ANIMAIS UTILIZADOS NA ALIMENTAÇÃO. COLE-AS NO QUADRO ABAIXO.

COMO VOCÊ JÁ SABE, VÁRIOS PRODUTOS DE ORIGEM ANIMAL SÃO USADOS NA ALIMENTAÇÃO.

- LIGUE CADA PRODUTO À SUA ORIGEM.

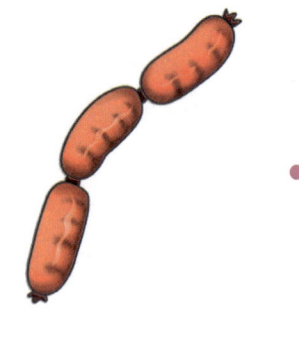

OS ANIMAIS TAMBÉM PRECISAM DE ALIMENTO, ÁGUA, ABRIGO E PROTEÇÃO.

QUANDO UMA ÁRVORE É CORTADA, O ABRIGO DE MUITOS ANIMAIS PODE SER DESTRUÍDO.

QUANDO JOGAMOS LIXO NA NATUREZA ISSO TAMBÉM PODE ACONTECER. POR EXEMPLO, QUANDO JOGAMOS PAPEL OU LIXO NAS ÁGUAS DE RIOS E DO MAR, OS PEIXES E OUTROS SERES QUE VIVEM NESSES AMBIENTES PODEM MORRER SUFOCADOS COMENDO PLÁSTICO OU PAPEL.

- CIRCULE AS CENAS QUE MOSTRAM ATITUDES ERRADAS NO CUIDADO COM OS ANIMAIS.

- MARQUE UM **X** NAS FOTOS QUE MOSTRAM ATITUDES DE CUIDADO COM OS ANIMAIS.

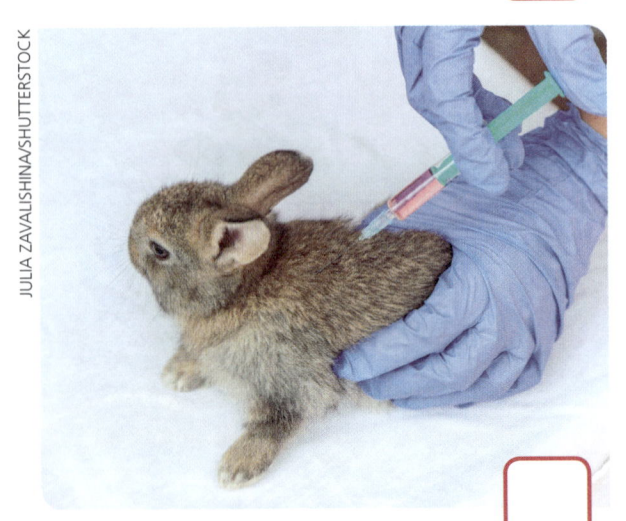

O PROFISSIONAL QUE CUIDA DA SAÚDE DOS ANIMAIS É O **VETERINÁRIO**.

- FALE O NOME DOS ANIMAIS QUE ESTÃO NAS FOTOS E O CUIDADO QUE ELES ESTÃO RECEBENDO.

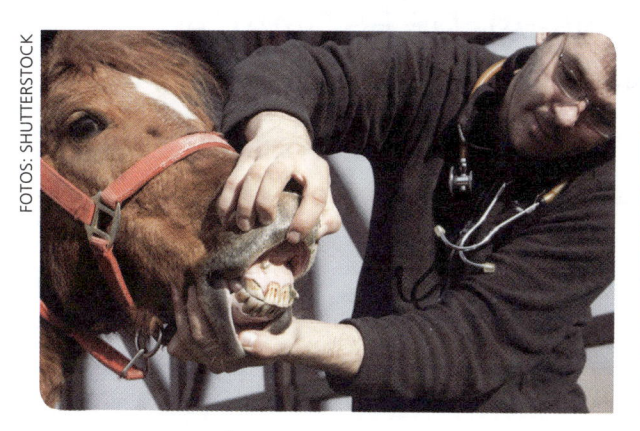

O VETERINÁRIO OBSERVA OS DENTES DO CAVALO.

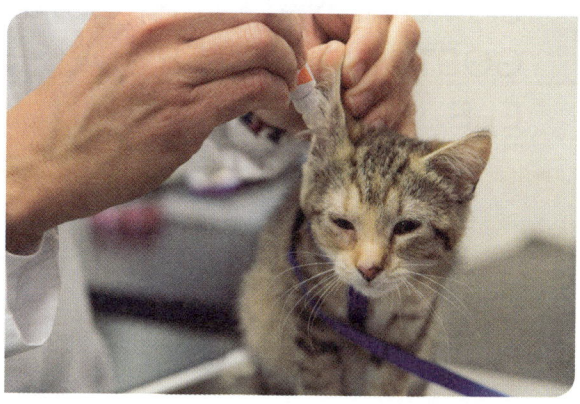

O VETERINÁRIO MEDICA O GATO.

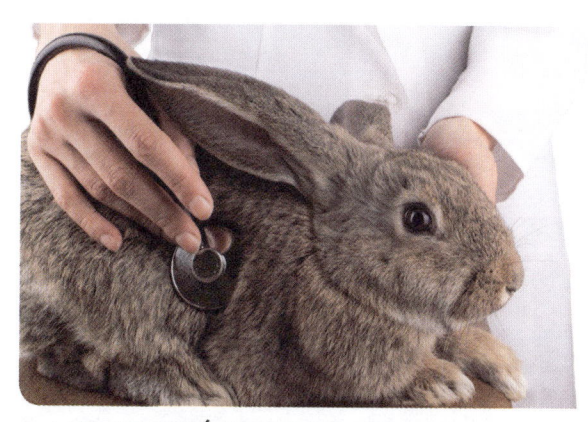

O VETERINÁRIO AUSCULTA O COELHO.

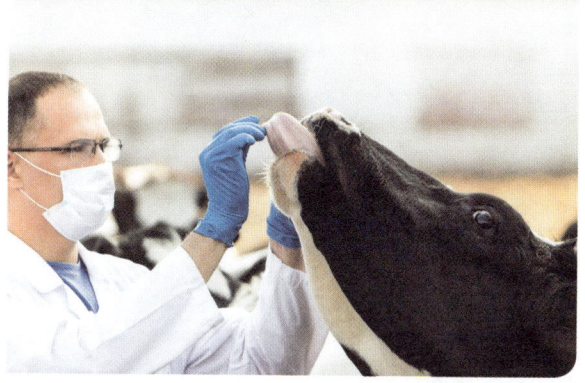

O VETERINÁRIO VACINA A VACA.

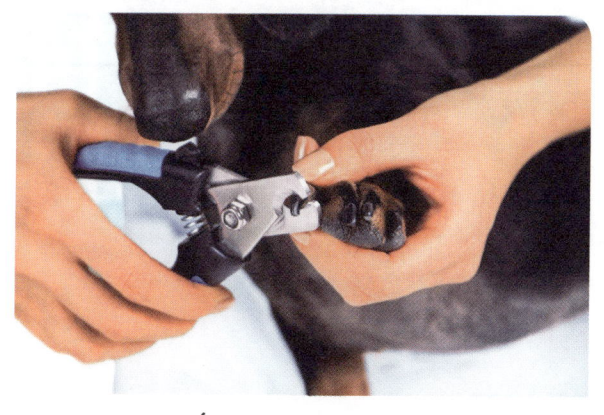

O VETERINÁRIO CORTA AS UNHAS DO CÃO.

O VETERINÁRIO AUSCULTA O CORDEIRO.

- VOCÊ POSSUI ALGUM ANIMAL DE ESTIMAÇÃO?
- DESENHE O ANIMAL DE ESTIMAÇÃO QUE VIVE NA SUA MORADIA COM SUA FAMÍLIA E ESCREVA O NOME DELE.
- SE VOCÊ NÃO TEM, QUAL ANIMAL DE ESTIMAÇÃO GOSTARIA DE TER? DESENHE-O E DÊ UM NOME PARA ELE.

LIÇÃO 14

OS MEIOS DE TRANSPORTE

OS MEIOS DE TRANSPORTE LEVAM PESSOAS, ANIMAIS E MERCADORIAS DE UM LUGAR PARA OUTRO.

- COMO VOCÊ VAI À ESCOLA? COMO VOCÊ VAI PASSEAR COM SUA FAMÍLIA EM UM LOCAL DISTANTE DE SUA CASA?

- FALE O NOME DESTES MEIOS DE TRANSPORTE.

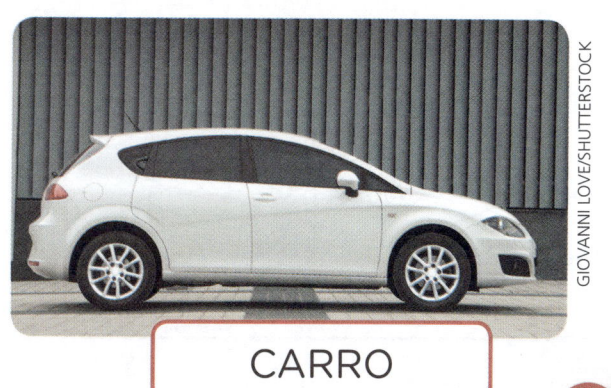

AVIÃO

HELICÓPTERO

METRÔ

MOTOCICLETA

BARCO

CARRO

OS MEIOS DE **TRANSPORTE TERRESTRES** SÃO AQUELES QUE UTILIZAM ESTRADAS, RUAS E AVENIDAS, COMO OS CARROS E OS ÔNIBUS, E TAMBÉM OS QUE UTILIZAM TRILHOS, COMO OS TRENS E OS METRÔS.

- PINTE OS MEIOS DE TRANSPORTE TERRESTRES.

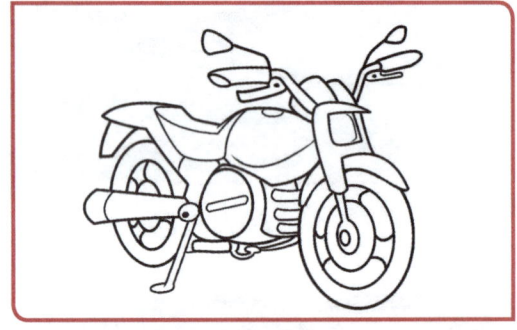

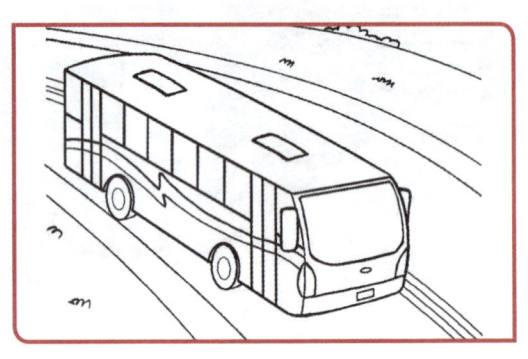

NO TRANSPORTE AÉREO, O DESLOCAMENTO É FEITO NO AR, COMO OS AVIÕES, HELICÓPTEROS OU BALÕES.

- CIRCULE OS MEIOS DE TRANSPORTE AÉREOS.

NO **TRANSPORTE AQUAVIÁRIO**, O DESLOCAMENTO É FEITO NA ÁGUA, EM LAGOS, RIOS, MARES E OCEANOS.

- MARQUE UM **X** NOS MEIOS DE TRANSPORTE AQUAVIÁRIOS.

- CIRCULE OS MEIOS DE TRANSPORTE QUE VOCÊ JÁ UTILIZOU.

- SUA FAMÍLIA POSSUI ALGUM MEIO DE TRANSPORTE? QUAL?

- QUE MEIOS DE TRANSPORTE VOCÊ UTILIZA PARA CHEGAR À ESCOLA? FAÇA UM X NAS ILUSTRAÇÕES CORRESPONDENTES.

- SE VOCÊ UTILIZA OUTRO MEIO DE TRANSPORTE, DESENHE-O.

- RELACIONE CADA PROFISSIONAL AO MEIO DE TRANSPORTE QUE ELE USA EM SEU TRABALHO.

PILOTO

NAVIO

MAQUINISTA

AVIÃO

COMANDANTE

ÔNIBUS

MOTORISTA

TREM

LIÇÃO 15

O TRÂNSITO

PARA ORIENTAR AS PESSOAS E OS VEÍCULOS QUE CIRCULAM NAS ESTRADAS E NAS RUAS DA CIDADE, EXISTEM OS SINAIS DE TRÂNSITO.

PARA EVITAR ACIDENTES E GARANTIR A SEGURANÇA DE TODOS, EXISTEM REGRAS DE TRÂNSITO QUE DEVEMOS SEMPRE OBEDECER.

- PINTE OS SEMÁFOROS:

COM A COR QUE INDICA **SIGA**!

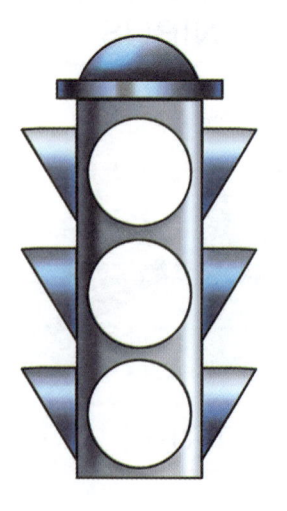

COM A COR QUE INDICA **ATENÇÃO**!

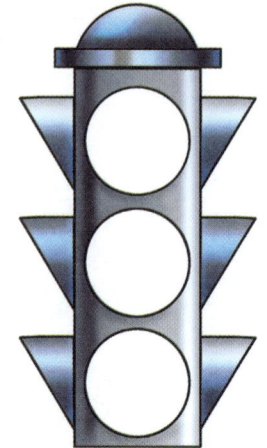

COM A COR QUE INDICA **PARE**!

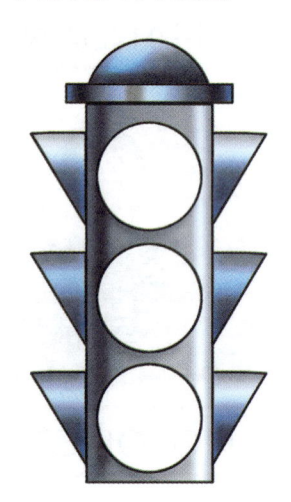

- PINTE OS SEMÁFOROS PARA PEDESTRES:

COM A COR QUE INDICA **AGUARDAR**!

COM A COR QUE INDICA **ATRAVESSAR**!

PRESTE ATENÇÃO AOS SINAIS DE TRÂNSITO. SIGA TAMBÉM ALGUMAS REGRAS DE SEGURANÇA.

ATRAVESSE A RUA DE MÃOS DADAS COM O ADULTO E USE SEMPRE A FAIXA DE PEDESTRES, QUE SÃO LISTRAS BRANCAS PINTADAS NO CHÃO DAS RUAS.

SEMPRE ANDE NO BANCO DE TRÁS DO CARRO E USE CINTO DE SEGURANÇA E AS CADEIRINHAS APROPRIADAS.

CUIDADO COM LOCAIS DE ENTRADA E SAÍDA DE VEÍCULOS.

AS PLACAS DE SINALIZAÇÃO SERVEM PARA ORIENTAR MOTORISTAS E PEDESTRES.

- OUÇA A LEITURA DA PROFESSORA E RELACIONE CADA PLACA AO SEU SIGNIFICADO.

PROIBIDO ESTACIONAR •

• PARE

ÁREA ESCOLAR •

•

PROIBIDO BUZINAR •

•

PARADA OBRIGATÓRIA •

•

- PINTE AS CENAS EM QUE AS PESSOAS ESTÃO RESPEITANDO AS LEIS DE TRÂNSITO.

- **PINTE OS PROFISSIONAIS QUE TRABALHAM NAS RUAS.**

| CARTEIRO | GUARDA DE TRÂNSITO | GARI |

| MÉDICA | POLICIAL | BOMBEIRO |

- **QUAIS DESSES PROFISSIONAIS TRABALHAM NA ORGANIZAÇÃO DO TRÂNSITO?**

LIÇÃO 16

OS MEIOS DE COMUNICAÇÃO

OS MEIOS DE COMUNICAÇÃO SÃO UTILIZADOS PARA QUE AS PESSOAS POSSAM SE COMUNICAR, ESTANDO PERTO OU LONGE. ELES TAMBÉM SERVEM PARA MANTER AS PESSOAS INFORMADAS DOS FATOS QUE ACONTECEM NAS DIVERSAS PARTES DO MUNDO.

- COMO VOCÊ SE COMUNICA COM SEUS AMIGOS E FAMILIARES? E COMO FICA SABENDO DAS NOTÍCIAS?
- VEJA ALGUNS MEIOS DE COMUNICAÇÃO E FALE OS SEUS NOMES.

COMPUTADOR

RÁDIO

JORNAL

REVISTA

TELEFONE

TELEVISÃO

TELEGRAMAS E CARTAS

LIVROS

CINEMA

137

A COMUNICAÇÃO TAMBÉM PODE SER FEITA POR MEIO DE GESTOS.

- OBSERVE AS CENAS.

1

2

3

4

- O QUE AS PESSOAS DAS CENAS ESTÃO COMUNICANDO POR MEIO DE GESTOS? ESCREVA O NÚMERO DA CENA NO QUADRINHO CORRESPONDENTE.

☐ PEDINDO SILÊNCIO.

☐ DANDO ORDEM PARA QUE OS CARROS SIGAM.

☐ CONVERSANDO POR MEIO DA LINGUAGEM DE SINAIS.

☐ DIZENDO NÃO.

AS PESSOAS COM DEFICIÊNCIA AUDITIVA PODEM SE COMUNICAR EM LIBRAS (LÍNGUA BRASILEIRA DE SINAIS).

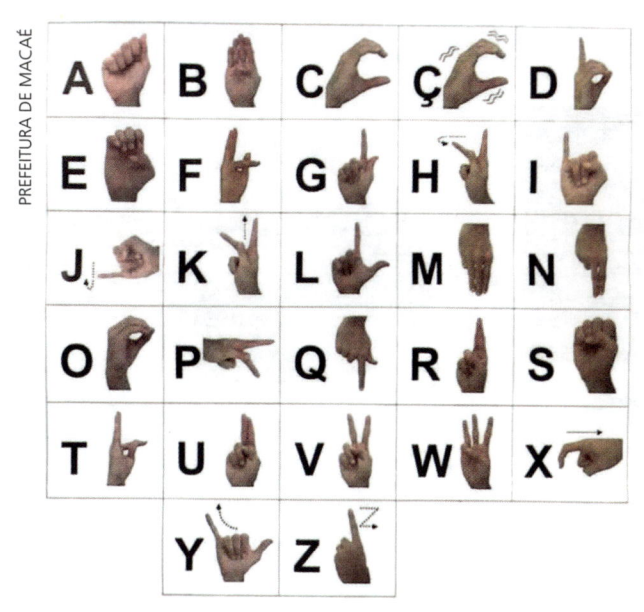

- LIGUE OS PONTOS A PARTIR DA SETA. QUE MEIO DE COMUNICAÇÃO VAI APARECER?

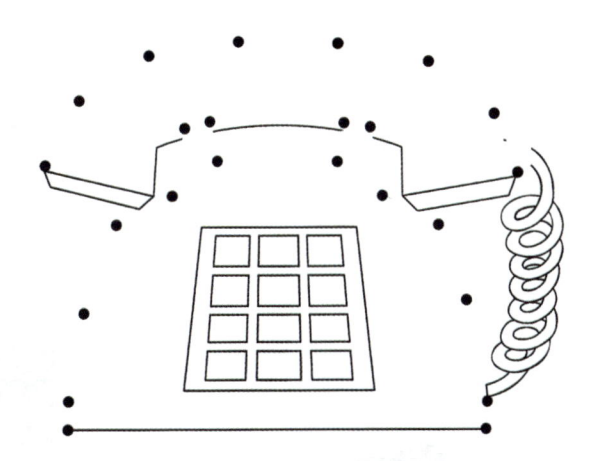

- ESCREVA A LETRA QUE CORRESPONDE A CADA SINAL PARA FORMAR O NOME DO MEIO DE COMUNICAÇÃO DA FIGURA.

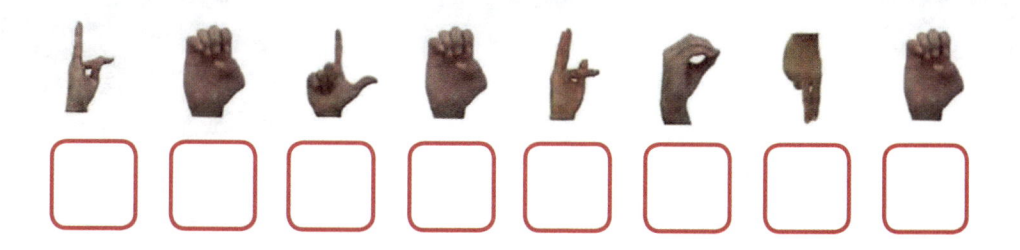

- CIRCULE OS MEIOS DE COMUNICAÇÃO QUE VOCÊ COSTUMA UTILIZAR.

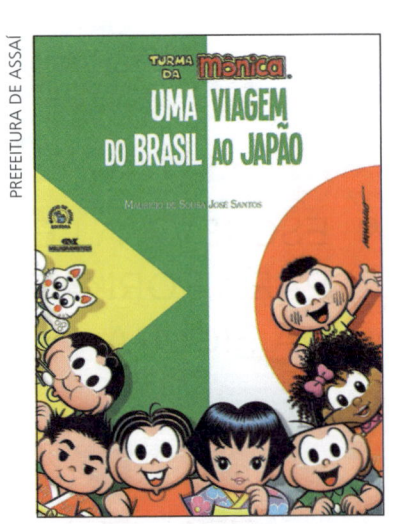

- CIRCULE O MEIO DE COMUNICAÇÃO MAIS ADEQUADO PARA:

  - 🟢 LER AS NOTÍCIAS DO DIA.
  - 🟠 VER O JOGO DO TIME DE FUTEBOL.
  - 🔵 FAZER UMA PESQUISA PARA O TRABALHO DA ESCOLA.

LIVRO

JORNAL

COMPUTADOR

RÁDIO

TELEVISÃO

CINEMA

- OBSERVE A CENA E PINTE O NOME DO MEIO DE COMUNICAÇÃO UTILIZADO PELA CRIANÇA.

| JORNAL | LIVRO | CARTA |

- VOCÊ TEM LIVROS DE HISTÓRIAS INFANTIS?
- QUAIS SÃO SUAS HISTÓRIAS PREFERIDAS?
- CONTE PARA A PROFESSORA E OS COLEGAS QUAIS HISTÓRIAS INFANTIS VOCÊ CONHECE.

- PESQUISE, EM JORNAIS E REVISTAS, FIGURAS DE MEIOS DE COMUNICAÇÃO. RECORTE-AS E COLE-AS NOS QUADROS CORRESPONDENTES.

MEIOS DE COMUNICAÇÃO QUE USAM O SOM

MEIOS DE COMUNICAÇÃO QUE USAM O SOM, A ESCRITA E A IMAGEM

MEIOS DE COMUNICAÇÃO QUE USAM A ESCRITA E A IMAGEM

OBSERVE ALGUNS PROFISSIONAIS NO SEU TRABALHO.

- CIRCULE OS PROFISSIONAIS QUE TRABALHAM UTILIZANDO MEIOS DE COMUNICAÇÃO.

ALMANAQUE

FESTAS E DATAS COMEMORATIVAS

> VOCÊ VAI CONHECER ALGUMAS FESTAS E DATAS COMEMORATIVAS IMPORTANTES.

- DESENHE SUA FESTA DE ANIVERSÁRIO. ESCREVA A DATA DO SEU ANIVERSÁRIO.

ALMANAQUE

CARNAVAL

> O CARNAVAL É A MAIOR FESTA POPULAR BRASILEIRA.

- PINTE E ENFEITE A MÁSCARA COMO QUISER. DEPOIS, RECORTE E COLE SUA MÁSCARA EM UM PALITO.

ALMANAQUE

PÁSCOA

- LIGUE OS PONTOS DA FIGURA E DESCUBRA O ANIMAL QUE REPRESENTA UM DOS SÍMBOLOS DA PÁSCOA. DEPOIS, PINTE-O COM TINTA E COLE ALGODÃO.

ALMANAQUE

Parte integrante da coleção **Eu gosto m@is** – Educação Infantil – Natureza e Sociedade – volume 3 – IBEP.

DIA NACIONAL DO LIVRO INFANTIL – 18 DE ABRIL

NO DIA 18 DE ABRIL, COMEMORA-SE O DIA NACIONAL DO LIVRO INFANTIL, EM HOMENAGEM A JOSÉ BENTO MONTEIRO LOBATO, CONSIDERADO O MAIOR ESCRITOR BRASILEIRO DE HISTÓRIAS INFANTIS.

O SÍTIO DO PICAPAU AMARELO FAZ PARTE DE UMA DAS OBRAS MAIS FAMOSAS DE MONTEIRO LOBATO: *REINAÇÕES DE NARIZINHO*.

- VEJA ALGUNS PERSONAGENS CRIADOS POR MONTEIRO LOBATO: SACI, MARQUÊS DE RABICÓ, VISCONDE DE SABUGOSA, CUCA, DONA BENTA, NARIZINHO, PEDRINHO E EMÍLIA. MARQUE A NARIZINHO NA CENA.

HOMENAGEM AO INDÍGENA – 19 DE ABRIL

OS INDÍGENAS FORAM OS PRIMEIROS HABITANTES DO BRASIL.

- PINTE A CENA.

DIA DO TRABALHO – 1º DE MAIO

NO DIA 1º DE MAIO, COMEMORA-SE, EM QUASE TODO O MUNDO, O DIA DO TRABALHO.

- FALE O NOME DAS PROFISSÕES ILUSTRADAS. DEPOIS, PINTE AS CENAS.

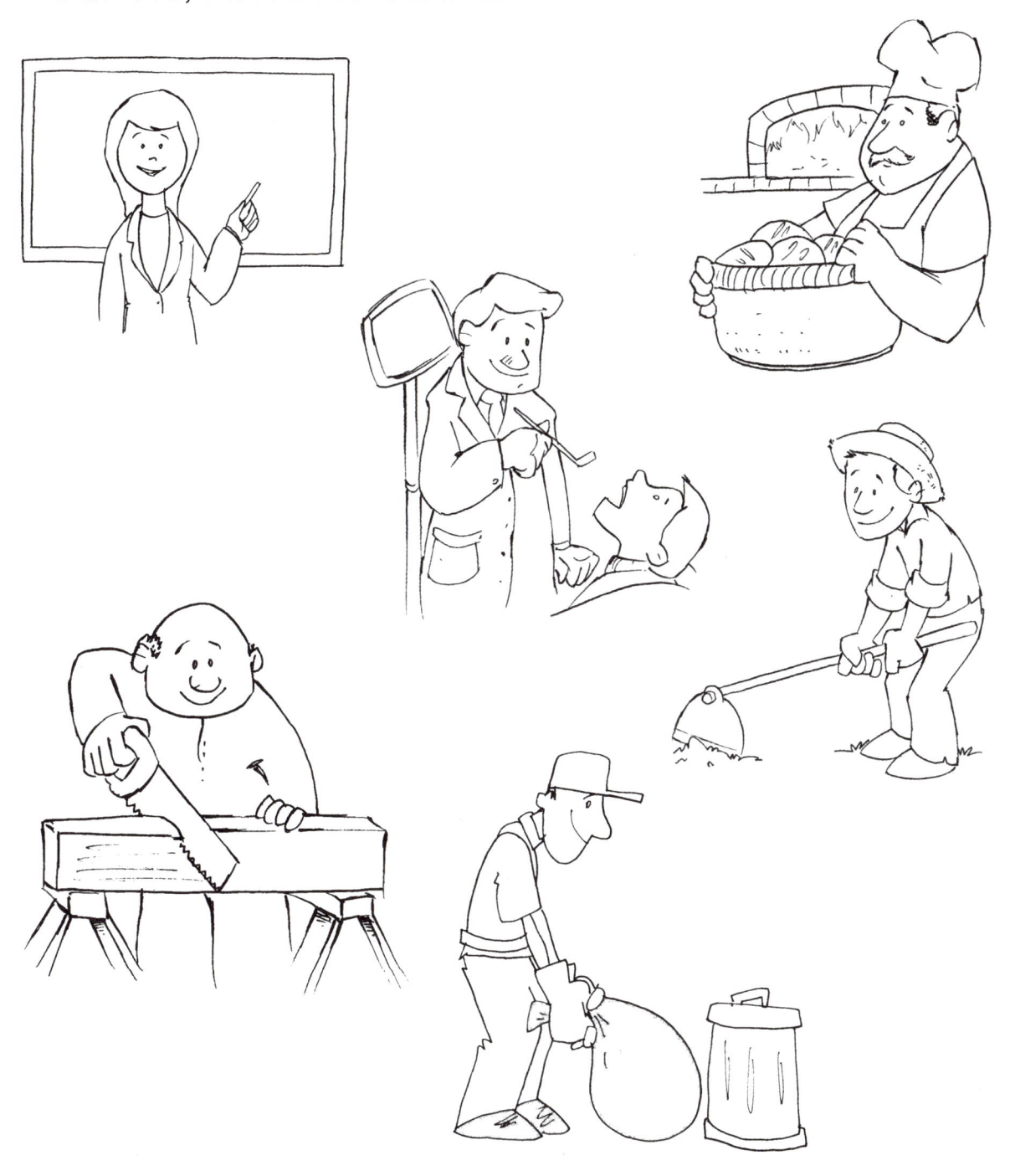

ALMANAQUE

DIA DAS MÃES – SEGUNDO DOMINGO DE MAIO

QUE TAL PRESENTEAR A MAMÃE COM UM LINDO CARTÃO?

- DENTRO DO CORAÇÃO, FAÇA UM DESENHO BEM BONITO E COLORIDO PARA SUA MÃE. DEPOIS, RECORTE O CORAÇÃO E ESCREVA SEU NOME.

DIA MUNDIAL DO MEIO AMBIENTE – 5 DE JUNHO

DEVEMOS CUIDAR DO AMBIENTE EM QUE VIVEMOS.

- RECORTE AS PEÇAS E MONTE O QUEBRA-CABEÇA. DEPOIS, OBSERVE O MEIO AMBIENTE SENDO CUIDADO PELAS PESSOAS.

ALMANAQUE

FESTAS JUNINAS

NO MÊS DE JUNHO, SÃO COMEMORADAS AS FESTAS JUNINAS.

AS FESTAS JUNINAS SÃO ANIMADAS COM BRINCADEIRAS, DANÇAS, COMIDAS TÍPICAS E MUITAS OUTRAS DIVERSÕES.

- COLE BOLINHAS DE PAPEL CREPOM BRANCO PARA REPRESENTAR AS PIPOCAS NO PACOTE.

DIA DOS PAIS – SEGUNDO DOMINGO DE AGOSTO

PRESENTEIE SEU PAI COM UMA LINDA CAMISETA.

- COLE SUA FOTO NA CAMISETA E RECORTE-A. DEPOIS, ESCREVA SEU NOME NO VERSO.

Papai, eu te amo!

ALMANAQUE

DIA DO FOLCLORE – 22 DE AGOSTO

- PESQUISE SOBRE O FOLCLORE BRASILEIRO E ESCOLHA UM PERSONAGEM OU UMA FESTA PARA REPRESENTAR COM UM DESENHO.

ALMANAQUE

DIA DA CRIANÇA – 12 DE OUTUBRO

CONSTRUA UM CATA-VENTO E DIVIRTA-SE NO SEU DIA!

MATERIAL:
- 1 PALITO DE CHURRASCO OU VARETA DE PIPA;
- 1 CLIPE.

COMO SE FAZ:
- RECORTAR AS LINHAS TRACEJADAS.
- PERFURAR OS PONTOS.
- LEVAR AS PONTAS PERFURADAS ATÉ O CENTRO.
- PRENDER, COM UM CLIPE, NO PALITO DE CHURRASCO OU NA VARETA DE PIPA.

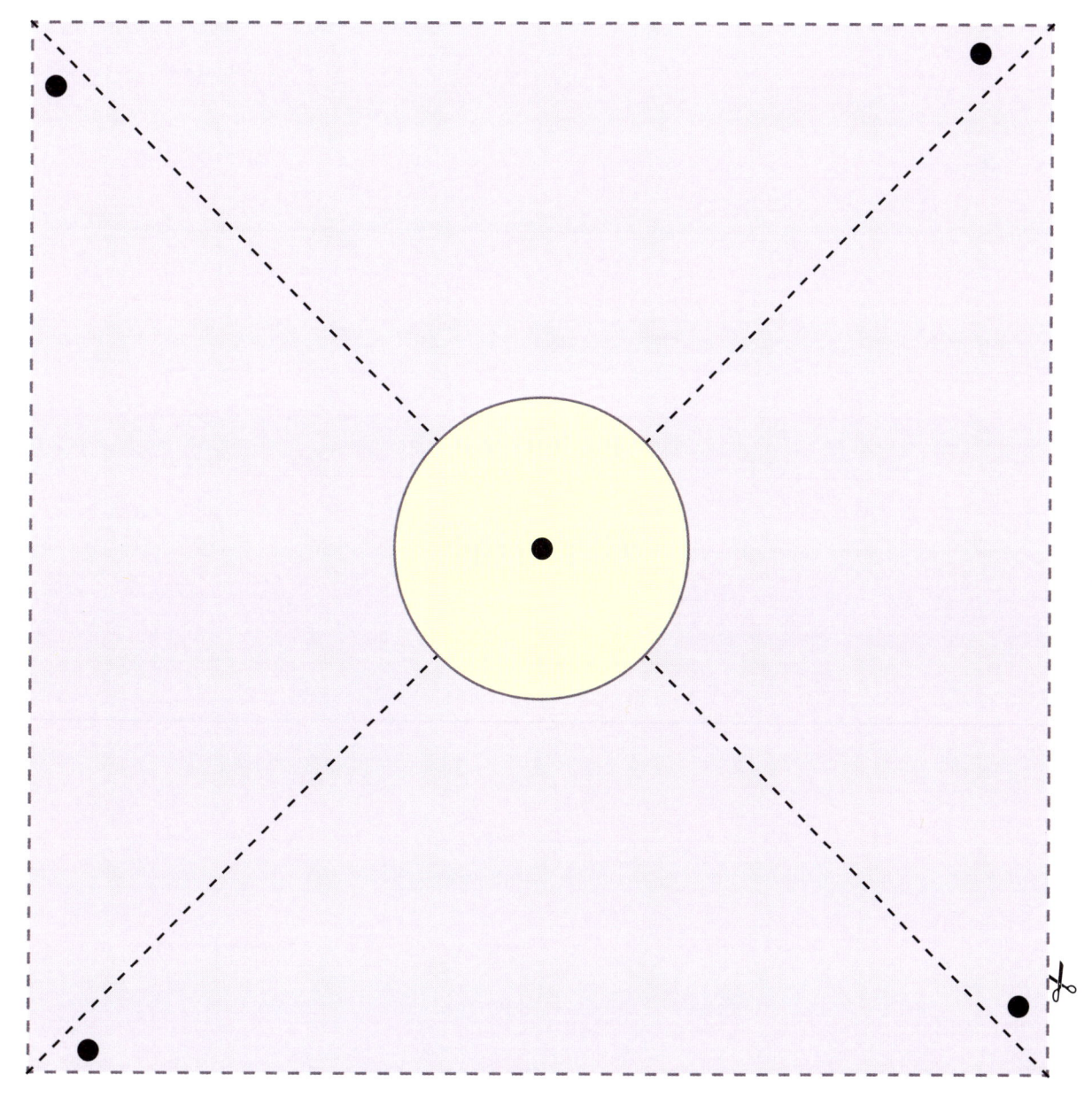

ALMANAQUE

DIA DO PROFESSOR – 15 DE OUTUBRO

PRESENTEIE SUA PROFESSORA COM UM LINDO DESENHO.

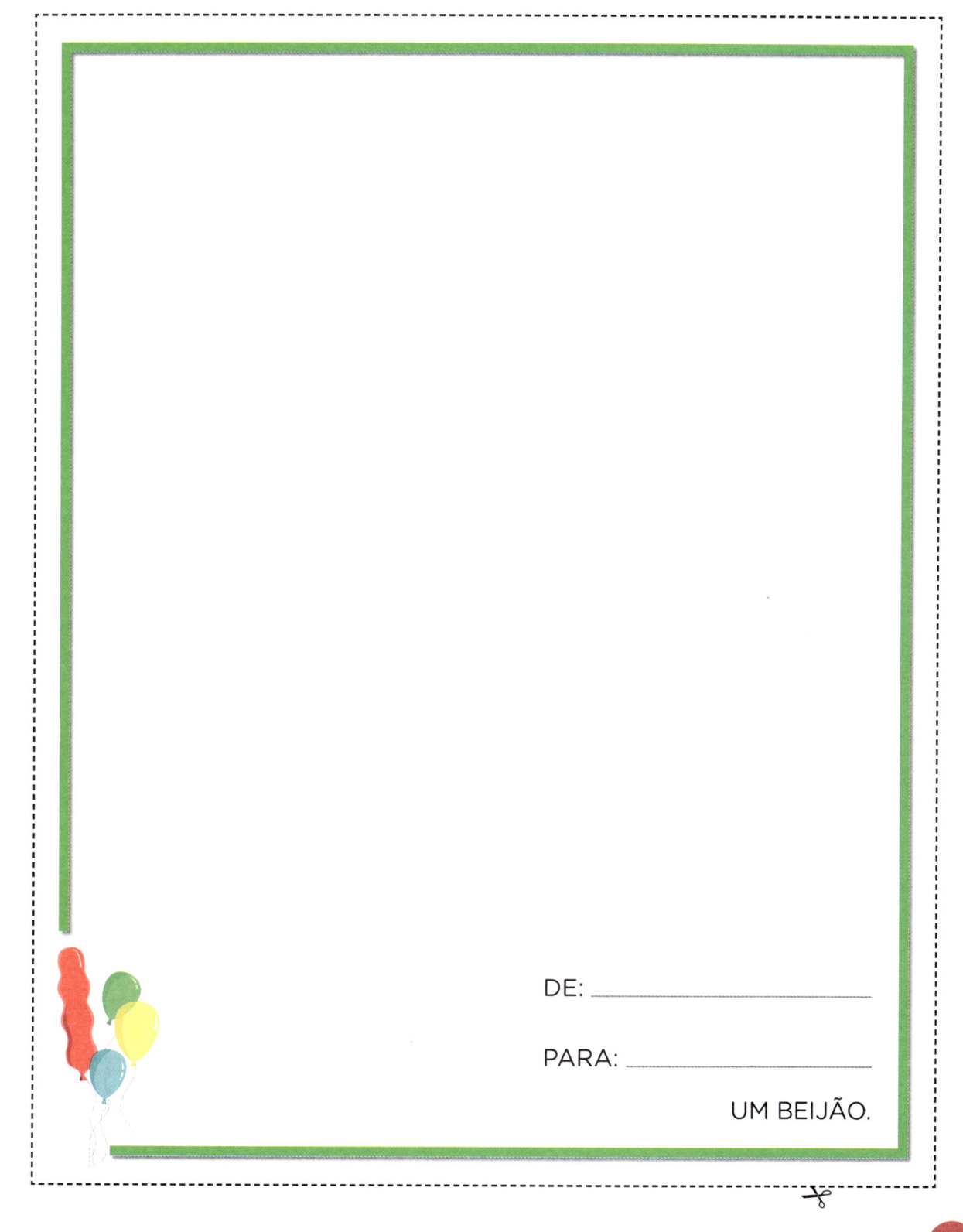

DE: _____

PARA: _____

UM BEIJÃO.

DIA DA BANDEIRA – 19 DE NOVEMBRO

- PINTE A BANDEIRA DO BRASIL. DEPOIS, RECORTE-A E COLE-A EM UM PALITO.

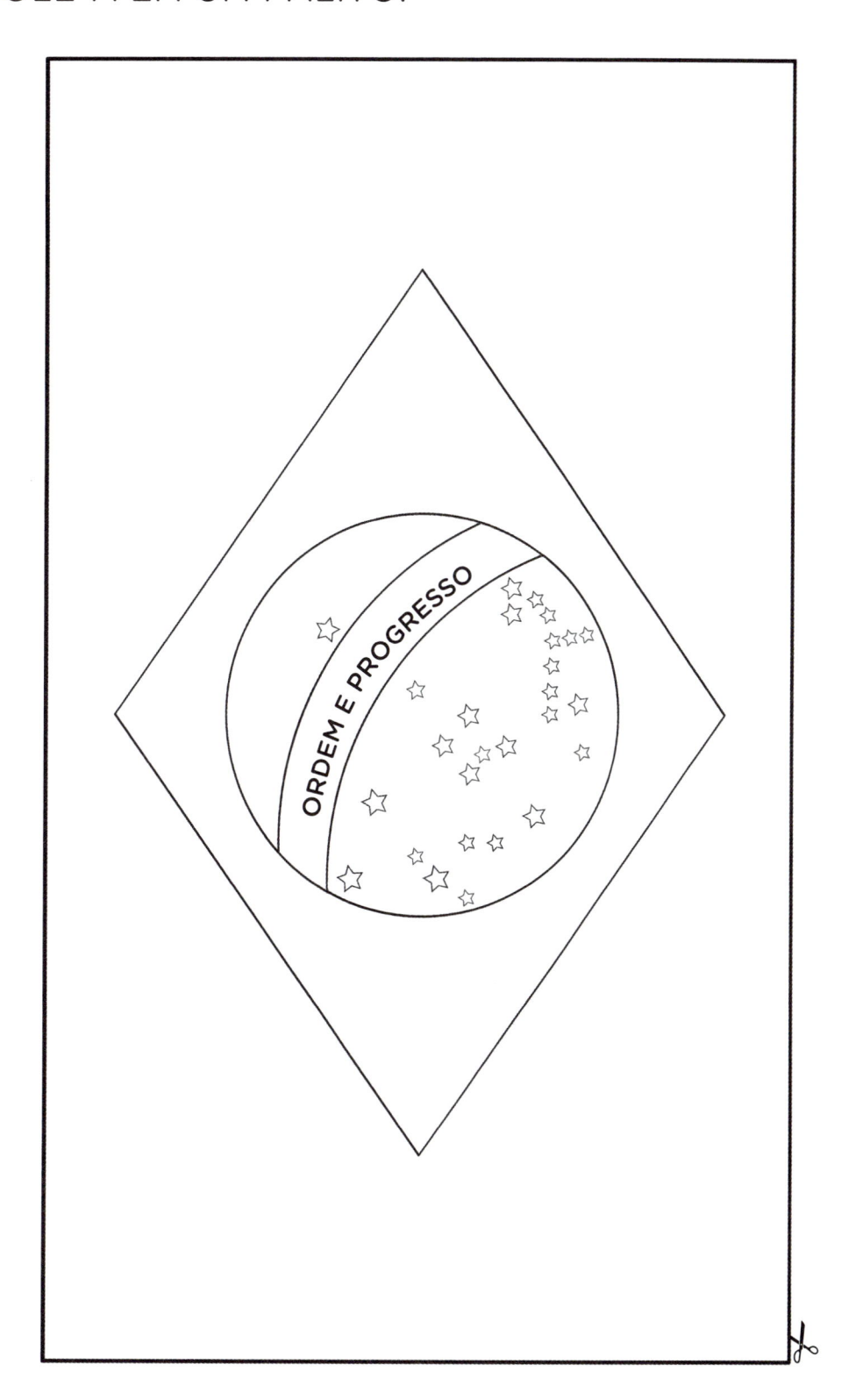

FESTA DE FIM DE ANO

- REPRESENTE COM UMA PINTURA A FESTA DE FIM DE ANO DE QUE VOCÊ MAIS GOSTA.

ALMANAQUE

PÁGINA 16

PÁGINA 21

PEITO	BARRIGA	PERNA	PÉ
JOELHO	DEDO	MÃO	BRAÇO
	PESCOÇO	OMBRO	

PÁGINA 29

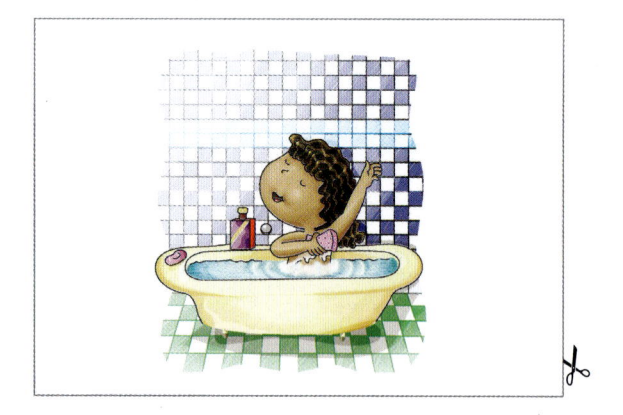

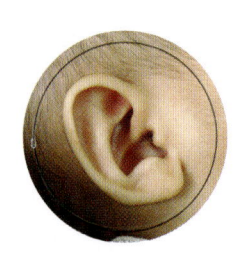

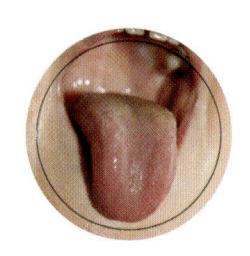

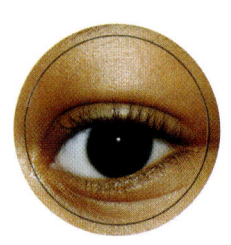

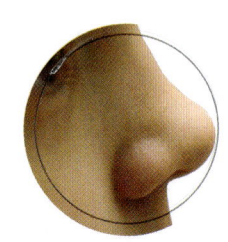

PÁGINA 47

PÁGINA 49

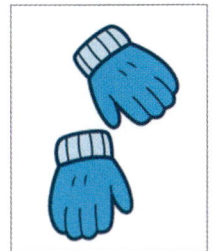

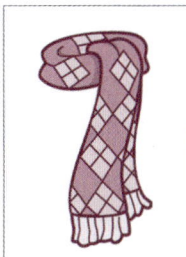

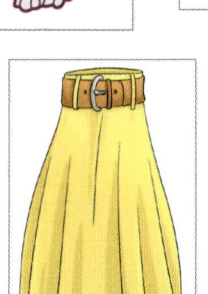

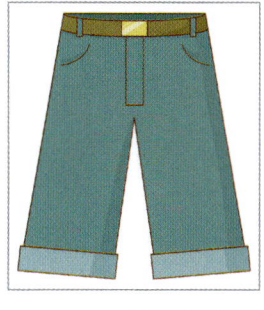

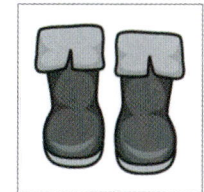

PÁGINA 82

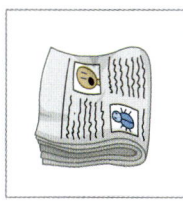

Parte integrante da coleção **Eu gosto m@is** – Educação Infantil – Natureza e Sociedade – volume 3 – IBEP.

PÁGINA 87

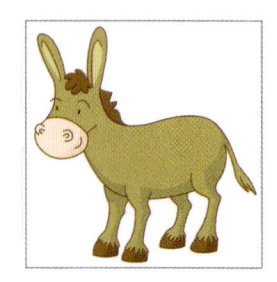

PÁGINA 115

PÁGINA 118

165

Parte integrante da coleção **Eu gosto m@is** – Educação Infantil – Natureza e Sociedade – volume 3 – IBEP.